Dionysos et la tragédie

Du même auteur

SUR LA TRAGÉDIE GRECQUE

Agamemnon I et II, Édition, traduction et commentaire du Prologue et de la Parodos (avec une introduction par Jean Bollack et Pierre Judet de La Combe : « La dissonance lyrique. Sur le sens de la tragédie »), Presses universitaires du Septentrion, 1981.

L'Œdipe roi de Sophocle. Le texte et ses interprétations, 4 vol. I : Introduction. Texte. Traduction ; II : Commentaire. Première partie ; III : Commentaire. Deuxième partie ; IV: Commentaire. Troisième partie ; Index et Bibliographie, Presses universitaires du Septentrion, 1990.

La naissance d'Œdipe, texte grec, traduction, commentaires, études d'*Œdipe roi*, Gallimard, *Tel*, 1995.

La Mort d'Antigone. La tragédie de Créon, Collège international de philosophie, PUF, 1999.

« Notes aux *Choéphores* », à la suite de la traduction d'Ariane Mnouchkine, dans *Eschyle, l'Orestie*, Paris, Théâtre du Soleil, 1992.

Traductions aux Éditions de Minuit, en collaboration avec Mayotte Bollack :

Œdipe roi, 1985.

Iphigénie à Aulis, suivie de notes critiques, 1990.

Andromaque, suivie de notes critiques, 1994.

Hélène, 1997.

Antigone, 1999.

Les Bacchantes, suivie de notes critiques, 2005.

Jean Bollack

Dionysos et la tragédie

Le dieu homme dans les *Bacchantes* d'Euripide

Bayard

DANGER
LE PHOTOCOPILLAGE TUE LE LIVRE

Tous droits réservés. La loi du 11 mars 1957 interdit les copies ou reproductions destinées à une utilisation collective. Toute représentation ou reproduction intégrale ou partielle faite par quelque procédé que ce soit, sans le consentement de l'auteur et de l'éditeur, est illicite et constitue une contrefaçon sanctionnée par les articles 425 et suivants du Code pénal.

ISBN 2-227-47467-X
© Bayard Éditions, 2005
3, rue Bayard, 75008 Paris

Avant-propos

L'essai sur la tragédie des *Bacchantes* accompagne une traduction de la pièce [1]. Il repose sur une analyse interne qui démonte la phrase et presse le mot – on pourrait la dire littéraire si on ne préférait pas l'appeler philologique. Toute l'interprétation de la tragédie grecque jusqu'aux derniers articles parus procède dans sa diversification infinie d'une dialectique héritée de Hegel, où la famille, avec toute sa charge obscure et irrationnelle, affronte l'État [2]. Elle se loge dans cette antithèse, elle en remplit entièrement le cadre, sans débord, si bien que l'analyse littéraire est soumise à une schématisation de seconde main. La philologie autoréflexive, telle que je l'ai conçue avec quelques autres, dont l'heure sans doute ne pouvait venir qu'aujourd'hui, ne se livre qu'à elle-même, elle s'arrache à ce magistère, sans renoncer à le rejoindre quand il le faut. Son mode de lecture s'interroge sur les points de vue de l'auteur, et n'a rien à voir ni avec une lecture philosophique ou symbolique, métonymique ou allégorique, ni non plus avec l'encyclopédisme de l'« explication » littéraire générale, si utile qu'elle puisse être, et qui reste par définition éclectique. La philologie est spécifique et spéciale. Elle englobe, comme en musique ou en peinture, où les

1. Euripide, Les *Bacchantes*, traduit par Jean et Mayotte Bollack, Paris, Éditions de Minuit, 2005.
2. Croisée par l'opposition harmonieuse de Dionysos et d'Apollon, qui concerne plus proprement l'esthétique (déjà dans Les *Bacchantes*).

problèmes sont tout à fait comparables, les techniques de la production du sens et l'interprétation qui leur est liée, avec l'enthousiasme de la passion et son dépassement, le travail de contrôle.

Le texte poétique est le support de l'existence théâtrale ; la parole fait le théâtre, et l'action n'est pas séparable du dynamisme de sa production verbale. L'actualisation d'aujourd'hui, dans une langue moderne, en dépend. On ne peut pas nier qu'elle entretienne une relation étroite avec l'actualisation première et historique, qui a fait la pièce et le sens. C'est dans ce lointain que s'est dite et que se déchiffre une pensée en acte. C'est là, dans ce retour, qu'intervient la philologie, comme un art de lire.

Les problèmes que pose une pièce si singulière impliquent le culte et les croyances, le statut social de pratiques religieuses. L'auteur s'est-il posé à lui-même certaines des questions que nous lui adressons ? Les contradictions se découvrent à mesure que l'on lit, les impasses ou les apories se résolvent, approfondies par l'interrogation, puis par la réflexion qu'elle suscite. L'énigme déposée dans la matière du texte fournit la seule clé, avant le jeu lui-même. Dionysos est-il un homme ou un dieu ? Serait-il l'un et l'autre ? Le ménadisme est-il un délire ? Ses débordements se laissent vivre comme une possibilité de bonheur. Ne demandent-ils pas à être maîtrisés, restant un préalable absolu, envoûtant et dévastateur ? L'organisation de la pièce, dans sa complexité et son évidence, apporte une réponse. À la fin, c'est elle seule qui pose la question du sens. La tragédie a-t-elle pour fin une connaissance, de soi ou de l'autre ? Instruit-elle la cité, la purifie-t-elle ? On y cherche en vain un enseignement ou un message. Peut-être ne conduit-elle à rien. Ce serait ce rien qui fait l'essence de toute tragédie.

Les auteurs de textes anciens se sont inscrits dans une tradition qu'on peut appeler mythique. Les mythes forment d'abord un système d'histoires qui se modifient l'une l'autre, comme un corpus, un trésor de sujets ; il y a été fait référence dans la littérature grecque depuis des siècles. Le système se renouvelle grâce à la permanence de ses invariants.

La naissance de Dionysos et la non-reconnaissance de son identité double de dieu homme dans la ville de Thèbes sont l'une de ces histoires, mais elle n'avait jamais été racontée comme Euripide le fera dans Les *Bacchantes*. Le spectateur compare. Les textes dramatiques étaient lus et discutés, inséparables de leurs scholies et de leurs gloses.

La critique retient d'ordinaire le mythe, comme s'il était le fond que l'auteur met en forme. Il l'est, mais dans la transposition intégrale du fond dans sa forme et sa différence. Dionysos, dans son dédoublement, reste l'inconnu, il s'invente et se joue. Il est vrai qu'on est habitué aujourd'hui à recevoir une révélation transhistorique ; on cherche une vérité qui justifie l'actualisation. N'est-elle pas d'essence religieuse ? Pourtant elle ne se trouve pas dans la pièce. Aussi l'importe-t-on du dehors [3].

Ce que nous apprenons dans Euripide sur les pratiques est le seul objet qui intéresse l'anthropologue ; le détail doit pouvoir être attesté et traité comme une information. Ainsi, l'histoire des religions, une science constituée, s'est substituée dans le cas des *Bacchantes* à l'exploitation du mythe. Le texte est alors transformé en document – à moins que la documentation qu'on en tire ne serve simplement à déterminer le sens. Pour d'autres au contraire, il s'est ouvert à une polysémie radicale. Dans les deux cas, l'analyse du tissu est dogmatiquement écartée. L'herméneutique littéraire n'a plus de place. Elle demanderait que soit reconnu dans l'histoire le canon esthétique de l'œuvre ancienne et de son adaptation actuelle. La philologie a été invitée à passer la main.

Euripide a d'abord pour propos une mise en cause. Tout acte artistique a une charge subversive. C'est cela qui nous touche, même si l'homme de métier et l'immense dramaturge qu'il est a pu d'autre part façonner définitivement toute l'histoire du théâtre, pour le plus grand

3. Ce sera par exemple la guerre d'Algérie dans l'adaptation des *Troyennes* d'Euripide par Sartre, jouée en mars 1965 par le TNP.

avantage des historiens de la littérature. Ces pratiques extravagantes qu'il met en scène, il les exploite pour le spectacle. Il va jusqu'au bout d'un interdit, au-delà du monstrueux. Ce n'est pas qu'il veuille le condamner ou cherche à nous horrifier ; il fait voir et met à nu les forces qui sont au fond de la terreur. C'est noir, et cela, ce n'est pas pour rien.

L'oxymore « dieu homme » dans les pages qui suivent désigne l'apparence et l'essence de Dionysos, sa specificité et son masque. Ce n'est pas que Dionysos reste divisé en dieu et en homme : le partage physique – un « à la fois » – ne se conçoit pas, mais sa divinité intégrale comprend l'humanité. La téléologie de Zeus ne s'affirme pas moins dans son cas singulier ; elle inclut le récit de sa double naissance. Les interventions successives, pour et contre, d'Héra et de Zeus, constituent sa différence, entre être et ne pas être. La négation n'émerge pas seulement dans Les *Bacchantes*, mais aussi dans d'autres textes, réaménageant déjà les données ; l'histoire est largement interprétée. Les poètes devaient reconstruire la matière pour lui trouver un sens.

I. Le dieu méconnu

Le retour d'Asie

Un dieu monte sur scène et se déguise en homme. La tragédie des *Bacchantes* est moins un rituel qu'une pièce de théâtre qui raconte une histoire sinistre, celle d'une divinité de la fête et du bonheur, rentrant dans la ville de sa mère, Thèbes, pour y semer la mort. Il ne suffit pas de connaître les causes – assez dérisoires – de son mécontentement. L'énormité du désastre dépasse l'entendement.

Pourtant la non-reconnaissance de Dionysos à Thèbes et la résistance que rencontre sa divinité ne sont pas une simple faute ou une offense, qu'une purification ou un rite effacerait. Le reniement a sa nécessité dans une nature complexe, et particulière à ce dieu. Posé d'emblée à l'entrée de la pièce, il est confirmé à la fin par la ruine de tous les protagonistes thébains, et se reproduira nécessairement. Le déni n'est pas réparable, ne le sera jamais. La conquête se fera à répétition, à chaque représentation. L'optimisme n'est pas de mise, le réformisme non plus. Il n'y aura pas de salut.

La tragédie est comme inscrite dans la nature double du dieu. Elle est liée à son identité instable. Il semble qu'il ait besoin de sa négation pour s'affirmer. Quel lieu plus propre que son pays natal ? Sa vérité apparaît simultanément dans la naissance et dans la destruction.

L'épiphanie [1], le dévoilement, se fait sauvagement ; le feu ravageur de la foudre continue à brûler sur la tombe de sa mère, que l'on voit sur scène, élément essentiel du décor, et dans l'illumination qui renverse ses adeptes, les Lydiennes du Chœur, et les couche à terre au milieu de la pièce.

La maison royale s'est scindée. Cadmos a laissé le trône au fils de sa fille Agavé ; il s'est retiré lui-même (v. 43-45). Il reste le fondateur de la ville, mais il n'y règne pas. Aussi peut-il dans la pièce faire alliance avec le devin Tirésias et se prêter délibérément avec lui au délire bachique. Il confie au nouveau roi sa propre résistance, abandonnée depuis qu'il a pris de l'âge : lui-même, il avait manifesté autrefois son incrédulité. Le dieu entraîne ou relâche son emprise, il aménage librement l'aversion des uns ou la conversion des autres.

Thèbes est quittée et rejointe. Mais Dionysos, avant d'y revenir, a parcouru l'Orient, pays par pays, jusqu'aux confins du monde, s'imprégnant de tous les cultes barbares et non grecs. Il les intègre dans une religion qui sera comme la religion même, traversant un continent qu'il s'approprie. Il absorbe en lui toute exaltation, quel que soit son mode, puis passe par un territoire médian où les cultures de l'Est et de l'Ouest se rencontrent et se confondent (v. 17-18). Il ne connaît pas d'autres frontières que les limites de son rayonnement universel. L'Asie déploie sous nos yeux une vaste fiction politique et religieuse, l'utopie d'un

1. H. Oranje (chap. 7, p. 114-130 : « Le dieu sur scène ») parle de l'épiphanie épique, traditionnelle, encore montrée dans Eschyle, et note une évolution de la tragédie qui réduit la présence des dieux (voir Sophocle), ou la limite à des rôles conventionnels. L'importance de Dionysos dans l'intrigue des *Bacchantes* est d'autant plus singulière. Dans *La Lycurgie*, la trilogie d'Eschyle sur le même sujet, la présence de Dionysos n'est pas certaine (malgré K. Deichgräber, « Die Lykurgie des Aischylos », Nachrichten, Göttingen, 3, 8, 1939). Euripide à la fin du Troisième Épisode traite dramatiquement le renoncement à l'une des versions de l'histoire (v. 796-846) : Penthée abandonne une stratégie alternative (voir J. R. March, « Euripides' Bakchai », fig. 2 et T. Carpenter, *Dionysian Imagery*, p. 117) ; il ne se battra pas et ira masqué chez les femmes.

ordre nouveau, où les différences de race sont abolies. Dans la Grèce d'Asie, les gens ne sont ni grecs ni barbares, il suffit qu'ils lui appartiennent. Quand il en aura fini avec Thèbes, au terme de la tragédie, laissant les victimes pantelantes derrière lui, il continuera sa route pour répandre ailleurs la bonne nouvelle, et propager sa loi. Dionysos est comme son propre apôtre en terre de mission.

Les cercles de l'universel ont un centre où s'alimente le rayonnement d'un pouvoir polaire : Thèbes, la ville des Labdacides et de la tragédie, est ce centre. La dualité du dieu n'y était pas compréhensible ; le reniement y était naturel ; en même temps, il n'aurait pas dû se produire. Les sœurs de sa mère, aveugles ou malfaisantes, n'étaient-elles pas ses plus proches parentes (v. 26 : « elles n'auraient pas dû ») ? C'est qu'une véritable connaissance de ce dieu-là n'était pas possible, et ne le serait jamais ; il restait insaisissable, toujours autre. La reconnaissance du fils de Zeus et de Sémélé ne pouvait pas se faire en douceur. Il fallait ce « n'auraient pas dû », qui conduisait à l'acte sanguinaire de la fin. La non-connaissance de sa nature métisse est le préalable de la tragédie. C'est pour la combattre qu'il se fait homme et fait tuer des hommes.

À Thèbes revisitée, le dieu renaît à lui-même : *Voilà, j'arrive dans ce pays, à Thèbes. Je suis le fils de Zeus...* (v. 1). Il sait ce qui l'attend, il connaît les termes de la tragédie qui va se jouer, il met les éléments en place. Déjà il a amené par avance les femmes de Thèbes dans la montagne ; elles y sont au lever de l'astre, avec leur fureur, qui aura raison de tout. Il prévoit aussi que le roi voudra à tout prix les ramener dans la ville. L'antagonisme est mis en place et localisé au-dedans et au-dehors. Il fallait, pour vaincre, livrer le chef de la ville aux femmes, et inventer la métamorphose particulière et extrême du dieu homme, rapportée de loin, de l'ailleurs d'un Orient et d'une traversée du monde. Les pays étrangers, d'où il vient, c'était comme la conquête de l'humain ; là, il a appris à franchir les limites et à conduire le divin à se transgresser.

L'Asie est le lieu imaginaire où Dionysos a instauré son culte[2]. Il y est devenu ce dieu, qui se mêle aux orgies[3] et ne ressemble pas à ses confrères. Il arrive, escorté des femmes de Lydie. Une première mention du choix de la ville comme terme est faite à la fin du récit de ses pérégrinations périphériques. Il parvient jusqu'à ce point, avançant de proche en proche, s'imprégnant de « barbarie », puis sortant de ce monde (aux vers 20-22, la fin de la période topographique de son récit). Son arrivée se rattache à ces acquis orientaux, elle en dérive. Ce n'est pas proprement pour préparer un châtiment, ni donc pour se venger, qu'il vient là « en premier » ; la primauté est plus abstraite ; il se présente *nouvellement* chez lui. La ville sera son ancrage en Grèce, le centre de son monde à lui. En un deuxième temps, il explique pourquoi son action se déroule en ce lieu privilégié, parmi tous les sites grecs (v. 23). Il se fonde sur la contestation de sa divinité dans sa famille par les sœurs de Sémélé ; il doit les initier de force ; elles ne sont pas préparées comme les femmes d'Orient, qui ne lui ont pas opposé de résistance. Il les travestit donc en ménades ; il règle leur conduite ; il leur insuffle une seconde nature dionysiaque. Cette transformation n'est pas un châtiment, mais comme une initiation sinistre, dans une tragédie où la famille divisée de Sémélé joue à la fois le rôle de victime et de bourreau. Les femmes incarnent des Furies de théâtre, et Dionysos tient la baguette du maître de la cérémonie.

---

2. Pour le rôle joué dans l'historiographie du dionysisme par les pays non grecs, et notamment la Thrace, voir l'ouvrage de E. Rohde, *Psyché*, cité plus bas, p. 46. Le prologue des *Bacchantes*, pris à la lettre, a conduit les Romantiques, et en premier G. F. Creuzer, à accepter l'origine orientale.

3. Le rite (tel est le sens du mot *orgia*) ne comporte pas la promiscuité des sexes, semble-t-il. Penthée la voit partout, mais les femmes thébaines d'Euripide, femmes de grands de Thèbes, et non pas prostituées, sont précisément hypermasculines ; chacune est « homme » pour deux. L'importance du phallus dans le culte n'est pas liée à la génération (voir W. Burkert, *Griechische Religion*, p. 258 s.).

La famille, à cause de son refus même, quelque compréhensible ou nécessaire qu'il soit, est destinée à recevoir en premier, et coûte que coûte, les empreintes de la terreur dionysiaque. Le drame commence avec le début d'un revirement, le retour dans sa patrie de l'enfant, qui imposera son identité. Porté par sa mère jusqu'à son foudroiement, il a terminé la période de sa gestation « dans la cuisse de Zeus ». Le retour de l'exilé superpose les deux temps de la naissance. La remémoration de cette naissance fait l'actualité du drame.

La même coïncidence structure d'autres histoires. Le spectateur, avide d'incidents romanesques ou macabres, avide de terreur et de cruauté, y trouvera son compte. Un méconnu, et un maudit, victime d'une médisance, qui revient au bercail et revendique ses droits, un étranger dans son pays comme Œdipe [4], venu d'on ne sait où, un revenant, un vadrouilleur roublard, qui sait s'y prendre et tromper son monde, un passeur qui inquiète, se soumet et se dérobe, le pressentiment dans la ville du péril qui menace avant qu'il n'éclate, ce sont les éléments de l'intrigue romanesque, de la *story*. Le parcours sera initiatique et conduira à la mort.

La haine d'Héra, femme de Zeus, la non-mère de Dionysos, est aussi immortelle (v. 9) que la foudre du père qui sacre l'enfant par le feu et en fait un dieu, de demi-dieu qu'il était [5] – il hérite de la violence avec laquelle la déesse rejette hors de la demeure des dieux [6] son double, forgé par Zeus. Les femmes de sa famille mortelle usent de la même violence pour le renier. L'exclusion vise à la fois l'homme et le dieu.

4. Voir P. Vidal-Naquet, *Le miroir brisé*, p. 84 s.

5. Voir Hésiode, *Théogonie*, v. 940-942, et la formule remarquable appliquée à Dionysos et Sémélé : « tous deux dieux à présent ». L'immortalisation s'accomplit soit par le feu (dont ne parle pas le catalogue des femmes des *Éées*), soit plus tard dans l'Olympe (dont ne parle pas Euripide).

6. Voir ci-dessous, p. 27, dans la présentation de l'affaire par le devin Tirésias.

Dionysos revit en dieu l'exil, sinon la chute, du démon *(daimôn)* qui traverse le pays des hommes dans *Les Purifications* d'Empédocle [7]. Le premier vers des *Bacchantes* résonne en écho au récit de l'arrivée du démon sur terre dans le poème philosophique où Empédocle combat les représentations traditionnelles des dieux. Le divin, dans un mythe qui doit démythifier, s'est répandu parmi les hommes, leur offrant la possibilité de devenir dieux sur terre dans une incarnation temporaire, sans autre suite que le retour dans la sphère du divin. Euripide, s'il s'y réfère, impose un renversement radical : le dieu se déguise en homme – ou en bête ; il n'est pas un homme-dieu, mais le contraire : un dieu homme [8].

La naissance de Dionysos pose un problème de temporalité. Ce n'est pas un dieu nouveau pour les spectateurs [9], mais, dans la pièce, il doit apparaître pour la première fois aux Grecs. Sa venue au monde est un « mythe » central, que les peuples se racontent chacun à sa manière. La fécondation de Sémélé remonte dans le passé d'une Thèbes légendaire, elle est liée à la fondation de la ville. Le retour du dieu, venant se faire reconnaître, est une histoire sans âge. Le dieu est toujours jeune, d'une jeunesse qui n'est pas celle des autres dieux ; il est toujours nouveau et arrive toujours d'ailleurs, exilé où qu'il soit.

La non-reconnaissance pourrait donc bien former un élément essentiel de son histoire, elle est la donnée la plus constante de son personnage de dieu. Thèbes a un statut symbolique. Dionysos a eu du mal à se faire admettre comme un dieu à part entière ; il en a autant à se mêler aux hommes, étant l'un des leurs, le fils d'une femme de l'espèce humaine. Cette filiation change tous les rapports habituels, dans l'ordre de l'humain

7. Empédocle, *Les Purifications*, fragm. 118, p. 71 s. Sur la référence présocratique, voir, pour un exemple significatif, P. Judet de La Combe, *L'Agamemnon d'Eschyle*, II, p. 555, 558, avec des renvois aux autres passages.

8. Voir la remarque désabusée de Cadmos au vers 1348.

9. Les quatres passages d'Homère sur le dieu témoignent de l'ancienneté d'une réflexion poussée dans le culte et l'art.

et du divin. La reconnaissance est impossible : est-ce le dieu ou l'homme que l'on reconnaît ? L'animal (plus dieu qu'homme) ? Ils ne font qu'un, et l'auteur dramatique multiplie justement à l'infini les miroitements et les dédoublements, en jouant sur les deux tableaux. Les hommes ne peuvent se familiariser avec le polymorphisme de la non-distinction ; il faudrait qu'ils la possèdent eux-mêmes, le sachant, et qu'ils portent la nébride. Dionysos les divinise, du seul fait de sa présence. S'il est dieu, pourquoi ne se changerait-il pas en homme ? Dans ce dilemme, il ne peut faire reconnaître sa double nature que dans la dévastation et l'anéantissement. Le drame montre que la cohabitation est intolérable et mortelle. Le nouveau dieu se réclame bien de son père (*Zeus, mon père, m'a accordé cela depuis longtemps*, v. 1349). Mais le père, que voulait-il ? Le salut apporté aux hommes par Dionysos, serait-il un leurre, voire une farce ?

Dionysos joue le jeu de sa mise en question, et il lui plaît de provoquer une action qui le brave, et qu'il déjoue, de se faire voir et de se faire craindre – jusqu'au non-sens. Tout délire dans la pièce est dionysiaque, comme il se doit, l'intrigue est tout entière orchestrée par un dieu, maître des hallucinations et des mirages, qui n'épargne personne. Il est ce qu'il veut être – son propre serviteur, un animal, taureau cornu ou serpent, icône d'air, ou encore soudainement lui-même, quand il émerge de ses autres états. S'il fait des acteurs du drame ce qu'il veut en faire, une femme avec Penthée, et des guerriers avec des Ménades déchaînées, s'il suscite et conquiert des adeptes, vrais ou faux, et un adversaire, c'est qu'il dirige toute action, et qu'il intervient dans le monde à tout moment. Il invente l'intrigue, il attribue les rôles. Il n'y a d'imprévu que l'idée qui vient au dieu et que lui souffle son caprice. Les dieux ne veulent rien, ils ne décident rien ; ils accomplissent pourtant leur dessein et règlent leurs affaires. L'art du poète imite leur artifice.

On peut dire du dieu qu'il est le metteur en scène, encore qu'il soit d'abord l'auteur de l'histoire, tenant son rôle dans la constellation dramatique qu'il a conçue comme inhérente à son identité. Le dieu intervient dans un jeu de son cru ; il règle les modalités et les manifestations de son pouvoir. Il sera d'autant plus grand qu'il se sera créé l'occasion de démontrer qu'il l'est, d'autant plus dieu, qu'il ne le sera pas comme on l'a cru. Il faut donc presque que l'on puisse croire qu'il ne l'est pas ; la non-reconnaissance est un obstacle nécessaire, un passage obligé vers la reconnaissance.

L'identité des contraires

Cette Asie, que Dionysos parcourt, ne fait pas de lui un Lydien. C'est plutôt que Zeus l'installe en des territoires qui lui tiennent lieu d'origine. Le mouvement de l'histoire des hommes suit la course du soleil, d'Est en Ouest. Avec Dionysos, plus voyageur qu'Olympien [10], la Grèce accueille les différences. Il y a dans le récit de ces migrations comme l'ébauche d'une philosophie de l'histoire ; l'espace est temporalisé. Le dieu traverse dans les parties du monde un passé de l'humanité, il plonge dans l'exubérance orientale de la Perse et de l'Arabie. Il y fait son apprentissage. Rien n'aurait été possible si Zeus ne l'avait pas éloigné de son lieu de naissance et ne l'avait pas porté dans un ailleurs, laissant à Thèbes la place vacante, ouverte à l'interprétation, même la plus négationniste. La plénitude s'installera dans le manque, la vérité dans le mensonge ; l'un naîtra de l'autre. Dans ses pérégrinations, Dionysos passe par une zone de rencontre où se réalise une synthèse entre ses rites et les cultes exotiques, avant de rejoindre le terme ultime de la révélation

10. Dionysos est d'une part l'un des douze dieux, un Olympien, mais aussi « le tout autre, le pôle opposé de la clarté et de l'ordre » (W. Burkert, *Griechische Religion*, p. 334).

qu'il s'est assigné. La négation l'y appelle, les synthèses sont encore un leurre.

La vérité du délire que révèle le nouveau dieu scelle l'union intense de la vie et de la mort. Le mystère de son apparition serait là. Il n'apporte pas à Thèbes la vengeance traditionnelle et sanctionnée des tragédies humaines, mais un message de violence, qui, pour intégrer la mort, repose, comme dans toutes les religions, sur une identité des contraires ou du moins sur une vision, où vie et mort se confondent. Le dépassement est à ce prix. Les femmes du Chœur l'appelleront ancestral, et en feront la croyance absolue et générale de tous les temps [11]. Dionysos est dans la pièce d'Euripide, et pas seulement dans les chants du Chœur, l'incarnation du phénomène religieux en soi. Cette généralisation réduit la pertinence des interprétations qui retrouvent, inchangés, les éléments et les détails d'un culte réel et institutionnalisé, dans une pièce dont, par un cercle vicieux, elles tirent leur connaissance du dionysisme [12].

Le théâtre et le rite

Il n'est pas facile de dire ce qui dans la pièce relève du culte ou des rites. Il y a suffisamment d'allusions faites aux pratiques pour que le public s'y retrouve. Cela dit, tout peut avoir été détourné de sa forme connue et adapté à l'intrigue, librement inventé par l'auteur, dans le

11. Voir les vers 70 et 330-431.

12. En rappelant que la tragédie a été insérée dans le cadre d'une initiation rituelle, D. Conacher (« Aeschylus' *Oresteia...* », p. 345) ajoute qu'il y a lieu de s'en accommoder « despite the fact that Seaford himself admits [...] that we lack any knowledge of this ritual beyond what we may infer from this play ». Pour le ritualisme de Seaford, voir plus bas, le chapitre IV.

décor d'une épiphanie de théâtre et d'une trompeuse initiation. Le sens, serait-ce du culte même, se retrouve dans celui de la tragédie. Le dionysisme des *Bacchantes* joue, il joue aussi avec le dionysisme ; il fait la nique aux historiens des religions. Le public cultivé – une grande partie des spectateurs – savait apprécier les variations ; il connaissait la tradition littéraire, qui occupe une grande place dans la pièce et que nous n'avons plus la possibilité de restituer [13] ; les autres spectateurs étaient entraînés par le brio étourdissant de l'action.

Le dionysisme existe dans la pièce, même s'il est brisé ; il prend son sens dans un entourage. Le contexte culturel se projette pour nous dans la façon dont la matière a été organisée [14]. Le scénario a été composé pour que l'œuvre soit lue, jouée et comprise de cette façon-là, nécessairement théâtrale et truquée. La tragédie n'est une plate-forme pour aucun message, aucune foi. Au contraire, tout message y est par avance démonté.

Le poète tragique utilise la croyance. La question de savoir s'il y adhère ne se pose pas. Il en fait voir la cruauté, comme dans d'autres circonstances, où il s'agit de guerre ou d'amour ; ces thèmes ne sont pas absents ici, mais le pouvoir du dieu prime dans le jeu. Il y a dans la pièce une mort « rituelle », qui a pris son sens dans une logique religieuse et en prend maintenant un autre dans la pièce. De toute évidence, c'est la religion qui, en elle-même, répand le malheur, même dans ses manifestations spirituellement les plus hautes. C'est le sens que revêt la

---

13. Le rival d'Euripide en matière dionysiaque est manifestement Eschyle (pas du tout Sophocle, il semble). L'aîné a composé deux tétralogies, l'une autour de Lycurgue, l'adversaire homérique du dieu, et l'autre autour de la famille thébaine (il y avait des *Bacchantes*, il y avait aussi un *Penthée*). On voit dans les rares débris affleurer des thèmes repris par Euripide, jusqu'à l'interrogatoire de l'étranger (qui n'était peut-être pas le dieu). Connaîtrions-nous ces pièces, nous lirions encore différemment et serions capables d'entrer dans la joute ; nous mesurerions l'intertextualité.

14. Voir sur cette projection par la pièce du public et de l'histoire, « L'Œuvre en son temps » dans J. Bollack, *La naissance d'Œdipe*, p. 93-96 (« L'espace du sens »).

scène décisive du dénouement où Cadmos dégrise sa fille et la fait revenir à la réalité ordinaire. L'horreur qui se découvre, et que le spectateur a vue se mettre en place au cours du drame, est ramenée à son origine dionysiaque dans le recul de l'après-coup. On peut rapprocher la vision finale, et sans recours, de l'abattement des enfants meurtriers de leur mère, à la fin de l'*Électre* d'Euripide.

Une lucidité, peut-être critique, s'installe à la fin du spectacle. Le théâtre se dégage de ses moyens et se démonte. L'auteur de tout cela n'est-il pas pitoyable ? Grotesque ? Il est grand, mais n'a rien de grand. Les retombées sont monstrueuses, en effet. Dionysos tire son épingle du jeu : pour lui, c'est toujours son papa qui a voulu cela. Que dire alors ? L'alibi a une double fonction, de justification et de distanciation. À la fin, Zeus est celui qui l'a fait être, tel qu'il est, avec toutes les conséquences abominables qui en résultent. Il y a des femmes, comme les filles de Lydie, pour l'aimer. Ne sont-elles pas à la fin frappées d'effroi par le spectacle ? Elles sont réduites au silence, après avoir d'un bout à l'autre chanté leur dieu. Le théâtre leur a fait jouer ce rôle.

II. Le mythe éclaté

Le style objectif

Il existe dans Les *Bacchantes* plusieurs versions de la naissance de Dionysos. Sa généalogie est incertaine, problématique, comme si l'auteur ancien s'était appliqué à déconstruire d'avance ce que les modernes tentent aujourd'hui désespérément de recoller. Pourtant, à travers les reconstitutions humaines et divines de ses enfances, on comprend mieux ce qu'il est. À quoi peut donc ressembler un dieu qu'une femme d'abord a porté dans son ventre, et un dieu ensuite dans sa cuisse ? La diversité des récits contribue à monter théâtralement les « rôles » : le roi, le devin, les dévotes, le dieu parlent chacun leur langue, leur mythe. La narration se plie à leur point de vue, et elle donne équitablement la parole à des personnages qui à eux tous composent le « style objectif » d'une tragédie nouvelle, dans un genre qui se transforme et se dépasse constamment.

La famille thébaine

Il est fait état de trois versions différentes. Trois narrateurs, le dieu du Prologue, les femmes du Chœur et le devin Tirésias, s'approprient successivement les fonctions de l'auteur, qui se délègue, alors qu'il est le seul en général à se voir attribuer le privilège de varier les leçons. Ce qui se déconstruit, c'est le mythe.

Dionysos est le premier à rapporter l'événement : il est né de la foudre dont la flamme continue à brûler à Thèbes. Zeus est venu délivrer Sémélé de son enfant, comme le racontait Hésiode (*Théogonie,* v. 942) [1]. La haine d'Héra durera aussi longtemps que le feu de sa tombe (v. 8 à 9). Le premier chant du Chœur, la Parodos, offre un récit plus circonstancié encore (v. 88-103), en rappelant que la gestation, après la mort de sa mère, s'est terminée dans la cuisse de Zeus, à l'insu d'Héra. La même version de l'histoire est attestée de nouveau par le Chœur dans le Deuxième Stasimon. Zeus arrache l'enfant au feu de la foudre ; immortalisé, il marche vers son père, au lieu que son père l'élève vers lui. La souveraineté divine est au-dessus de tous les pouvoirs ; elle conduit Zeus à favoriser l'excès ; elle triomphe dans le « ventre mâle » du maître des dieux (v. 527), l'indifférenciation des sexes, incarnée dans le fils humain qu'est le nouveau dieu. Héra, l'épouse, défend passionnément au contraire la distinction des ordres [2]. Le motif de la « rage immortelle d'Héra » (*hubris*, v. 9) appartient à cette narration divine. Pour calmer la haine de la déesse-reine, qu'irritent l'immortalisation de Sémélé par le feu et la violence faite à la loi naturelle des naissances, Zeus, dans le récit de Tirésias qui s'adresse au roi, lui façonne une image ; il fabrique un faux Dionysos, un clone, avec un morceau d'air, et le lui donne ; elle pourra le jeter sans dam dans l'abîme.

Héra intervient dans la théogonie orphique – ce corpus de textes exégétiques et paralittéraires dont nous avons conservé des fragments. Elle met fin à la royauté divine du jeune Dionysos. À ce niveau des réécritures interprétatives de la tradition, elle reste l'ennemie principale [3]. Le miroir qu'elle offre à l'enfant comme un jouet qui le distrait satisfait son

---

1. Voir ci-dessus, p. 13, note 5.
2. J. Harrison a utilisé cet épisode pour construire un passage du matriarcat au patriarcat (*Prolegomena*, p. 409, cf. *Themis*, p. 498), avant d'y envisager un rite d'éphébie (*Themis,* p. 34, et P. Mc Ginty, *Interpretation*, p. 94 s.).
3. Voir les *Orphicorum fragmenta* de O. Kern, 1922, réimpr. Dublin et Zurich, 1972, F 214 et 220.

plaisir narcissique : il permet aux Titans de s'emparer de la progéniture de Zeus qu'ils désarticulent et dont ils découpent les membres. Il est le fils de Korè, mais elle, Perséphone, était déjà fille de Zeus, uni à Déméter, la Mère absolue, englobant Rhéa, sa sœur. Le pouvoir, par la voie incestueuse, se concentre : il s'altère et se dépasse, de père en fils, par un double mariage. Rien n'empêche de se dire qu'Euripide connaissait ces exégèses comme une bonne partie de son public [4].

Le démembrement est là. Dionysos est dépecé et mangé par ses meurtriers, mais il renaît aussi à lui-même en se détruisant. Orphée, le chantre, qui apparaît dans les vers de la pièce, est déchiré, dans la légende de sa vie, par les Ménades, comme Actéon, le fils de la sœur de Sémélé, dont se souviennent également les *Bacchantes*, est tué par ses propres chiens. L'animalité dérive d'un abandon, et désigne la violence pure. La mort de Penthée ne doit pas pour autant être interprétée comme une quelconque promesse de renaissance ou d'immortalité. Il est englouti à la fin comme il l'était au départ, enveloppé dans les filets de l'adversaire. La vérité de la dualité de l'homme et du dieu triomphe. Le roi a cru pouvoir s'y dérober, en accord avec Héra, déesse de la distinction. La vie et la mort coexistent partout où la vie est présente. La recomposition du corps de Penthée ne sera dans les *Bacchantes* qu'un acte symbolique, la parodie d'une action cultuelle et familiale.

Ainsi, la légende éclate ; elle se décompose en racontars et en exégèse. Les trois sœurs de Sémélé prétendent par jalousie que le père est un homme inconnu [5]. Cadmos est de leur avis ; il défend l'idée que le nom divin de Dionysos sert à cacher la faute de Sémélé avec un autre. Version humaine, romanesque, populaire et mythologisante, que reprend Ovide et

4. Il est utile de rappeler ici l'invective de Thésée contre les intellectuels, adressée à son fils (*Hippolyte*, v. 952-957) : « [...] et, prenant Orphée pour ton maître, va faire le bacchant, et rends hommage à la fumée qui s'élève de tous ces livres ». L'étude des textes se confond avec le délire des Ménades.

5. Voir le Prologue, v. 26-31.

qu'aménage l'Apulée dans le *Conte de Psyché*. Le foudroiement était le châtiment du mensonge. Par politique, le vieux roi accepte ce qu'il prend pour une fable. À l'arrivée du dieu, il ira danser. C'est la position négatrice que Dionysos est venu combattre.

Penthée s'en tient aussi au récit de sa mère Agavé, et il conteste les revendications de l'étranger (v. 242-247). Thèbes les a toujours démenties. C'est pour justifier la fausseté de Cadmos et pour apaiser Penthée que Tirésias, le devin, réarrange l'histoire. Dans sa version des faits, savante et passablement subtile, il reconnaît la divinité de Dionysos, sans admettre l'épisode de la cuisse de Zeus : il rationalise et il épure, ne retenant que la phase femelle de la gestation (v. 286-297).

La foudre

Ainsi, la semence de dieu ne fait pas d'emblée le dieu. Héraclès, Asclépios et d'autres en sont témoins : ils eussent été dieux. La norme, on la trouve dans la relation de Zeus avec Alcmène, ou d'Apollon avec Coronis, et cent autres. La foudre dans les *Bacchantes* s'abat alors pour une visitation, une seconde naissance. Elle ne châtie pas l'amante, quoi qu'en disent les sœurs jalouses et ignorantes, mais elle tue la mère et arrache l'enfant, qu'elle divinise. Sémélé est morte, mais son fils est soustrait à la mortalité (voir aussi le bûcher de Coronis, Pindare, *Pythique* 3, v. 38-44).

La seconde gestation dans la cuisse de Zeus peut alors façonner le fœtus. Il en sortira un nouveau dieu, double et bipolaire, humain et divin. Surtout, le mâle s'accroît par le mâle. La cicatrice n'est pas tant une blessure [6], symbole de la mort du père et de la castration, qu'un antre de fécondation, un *incrementum*.

6. W. Burkert, *Griechische Religion*, p. 257. Dans Euripide, l'histoire concerne le fils, non le père, et Héra.

Sémélé n'est pas oubliée. Ce n'est pas une héroïne comme les autres. Elle est la mère morte à côté du père toujours vivant. C'est pourquoi elle sera accueillie dans l'Olympe, et associée à son fils. C'est pourquoi le feu brûle encore autour de sa tombe, et les Thébaines lui vouent un culte dans la montagne (v. 998 [7]). Elle représente une mortalité essentielle, intégrée à l'immortel. Elle n'est « dieu » qu'avec Dionysos – et plutôt « dieu » que déesse.

Dans la *Deuxième Olympique* de Pindare (v. 24-30), Sémélé est reçue dans l'Olympe, morte, mais immortelle, par une triade de dieux, Athéna (qui l'introduit en tant que femme), Zeus, et surtout Dionysos. Cette scène grandiose est centrée sur l'amour, qui émane du fils, plus grand dans ce groupe que les autres Olympiens.

L'interprétation théologique

Le dieu a deux naissances, l'humaine et la divine, Sémélé et Zeus. L'enfant sera double, un dieu homme-et-non-homme, mâle et femelle, unissant les règnes. C'est le rôle qu'il tient dans la pièce. Si l'on attribue une importance décisive à l'intervention d'Héra, à laquelle il est fait référence deux fois, on a en plus une collaboration dissociée du couple olympien. Est-ce Héra qui inspire à la femme aimée de Zeus le désir de voir son amant dans sa majesté ? Elle prévoirait les effets mortels de la fulguration [8]. Mais Zeus, s'il se laisse entraîner, intervient de son côté en arrachant le fruit de sa semence au foudroiement provoqué par l'épouse,

7. Voir E. R. Dodds, Commentaire, p. 61, *ad* v. 6-12, et p. 191, *ad* v. 997-1001.
8. Comme dans Apulée (voir ci-dessus, p. 24). Cette curiosité ne semble pas retenue par Euripide.

et en achevant la gestation dans son propre corps. Il se fait femme en prêtant sa cuisse comme un ventre et annule la coupure. L'enfant sera né de la femme mortelle, puis de l'élément feu et du dieu immortel. La femme et l'enfant seront divinisés après coup, comme on le lit chez Hésiode. Le piège d'Héra tournera à la gloire de Dionysos.

Mais l'action d'Héra a un second effet. Dans la communauté des hommes, l'événement sera mal interprété et nié. C'est que la foudre vient d'ordinaire châtier où elle tombe. Sémélé se serait vantée faussement, provoquant la colère du dieu. On s'arrête aux traces terrestres d'un anéantissement. L'incroyable devait donc rester ignoré. Aussi la naissance du dieu s'accompagnait-elle d'une négation de son existence. Elle ne pouvait pas être admise. La chose s'était passée à Thèbes, et pourtant elle n'avait pas de lieu en ce lieu.

La version que défend le dieu peut être interprétée par les allégoristes ou les philosophes de la nature. Dans leurs cosmologies, Zeus est en effet assimilé à l'éther ; il embrasse ou étreint la terre, assimilée à Héra, femme de Zeus. Le morceau d'air *(meros)* est issu de Zeus. « Avec le temps », dit Tirésias le devin, les hommes ont réuni ces récits pour admettre une seconde grossesse de Dionysos dans le ventre ou dans la cuisse *(mèros)* de Zeus. Tirésias ajoute, à l'intention de Penthée, une interprétation réformiste, pour terminer sur une note égrillarde et drolatique : le gage *(homèros)*, c'est la cuisse même de Zeus *(mèros)* ; il s'est réconcilié avec Héra en faisant l'amour avec elle. La réinterprétation est facilitée par un double calembour : le gage et la cuisse, qui sont désignés en grec par des homonymes, sont en plus réunis dans le verbe intraduisible (*homèreuein*, v. 298, au sens d'« être complice »). Une euphémisation remarquable dans le discours de Tirésias, qui occulte la « suture » et supprime ainsi la seconde grossesse de la version divine, la part de la gravidité mâle. Dionysos n'a donc pu selon lui être immortalisé que par la foudre.

C'est que Tirésias s'est chargé d'amadouer Penthée. L'histoire qui s'était répandue de la deuxième gestation dans la cuisse du père repose sur un malentendu, une pure confusion de mots. Le miracle d'une naissance prématurée s'était produit, et Zeus était venu sauver le bébé entièrement formé. Pour apaiser Héra, il avait fabriqué un double ; elle avait « en gage » un petit Dionysos, modelé dans une matière céleste ; elle pouvait en faire ce qu'elle voulait, et lui, le père, il n'avait pas à l'incuber dans son corps. Le roi des dieux n'avait pas prêté sa chair, rien que sa foudre, pour délivrer le fils ; Sémélé était entièrement la mère, et Dionysos devenait par là, selon Tirésias, plus pleinement thébain. Au lieu de la double gestation humaine et divine, il y avait une autre dualité, issue d'un seul acte ; des deux figures du Bachique, l'une, héroïque, était vraie, et l'autre, singulière et tarabiscotée, devenait « mythique ».

Si l'on excepte le discours théologique de Tirésias, qui fait entrer Dionysos dans un panthéon quasi officiel, l'associant aux titulaires d'autres fonctions divines, et la mention de Phoibos-Apollon (v. 328 et 1336), il n'est plus question de dieux dans la pièce si ce n'est de Zeus, et d'Arès à la fin (v. 1358). Dionysos règne seul (avec la part d'Aphrodite qu'il intègre, v. 402-403) et il prétend à l'unicité en se rattachant directement au maître de l'Olympe. Il est fermé sur lui-même, en raison de cette séparation, et d'une transgression autorisée.

Il a pourtant un attribut : l'humide, face au principe du sec de Déméter, l'Olympienne, mère de la terre (v. 275-280), qui représente la stabilité et l'assise d'un déploiement insaisissable, souple et léger à la fois. Tirésias parle de cette opposition primordiale comme s'il l'avait empruntée à des sophistes. L'antithèse associe Déméter à Dionysos, « fils de Sémélé » (v. 274-280). La déesse de la végétation accompagne la naissance du dieu souverain en Crète ; elle est un autre nom de Cybèle, de Rhéa, de la Grande Mère, dans sa grotte (v. 128-129), le grondement sourd, face au feu et au son strident de la flûte phrygienne.

La fable s'enrichit des éléments d'une saga obsolète. Les histoires racontées cassent l'unité d'un mythe, et la théologie passe au service de l'action dramatique ; elle est pulvérisée par le despotisme et l'arbitraire du pouvoir divin. Est-il besoin de croire à une conversion de l'auteur? Peu importe, cela ne change rien : le mouvement religieux ne fournit que la matière. On a de bonnes raisons pour ne pas y croire. Il suffit pour la tragédie que le dieu soit là : l'horreur est toute proche.

L'excédent dionysiaque

C'est sur les données fournies par la pièce qu'il faut s'appuyer pour définir le dieu de la nouveauté, et même sur les récits contradictoires de sa naissance. Il est évident qu'il faut y inclure les libertés qu'Euripide a pu prendre avec la matière, même si elle concernait le dieu en l'honneur de qui les représentations étaient organisées, à Athènes ou ailleurs. Les modifications répondaient à l'originalité d'un personnage unique sur scène.

Il ne fait pas de doute que, dans la pièce, Dionysos se distingue des autres dieux de deux manières, qui sont chaque fois essentielles. D'abord il est autre que les autres malgré tout, avant de représenter une façon d'être toujours autre à soi. Ensuite il n'apporte pas seulement le vin, qui n'est qu'un emblème ou un concentré de ce divin qu'il est venu mettre dans la vie des hommes. Le bienfait demande à être géré par ses bénéficiaires, en raison des bouleversements qu'il implique ; sa venue, son avènement répétitif et inopiné, entraîne apparemment des conflits.

Il en résulte que sa relation avec les hommes est d'une nature particulière. Il est né d'une femme comme les héros privilégiés et surhumains de l'évhémérisme, les fondateurs et les bienfaiteurs des villes. Lui, Dionysos, il est entièrement dieu. Mais il ne se mêle pas non plus aux hommes de la même manière que ses confrères, chez Homère ou ailleurs. Il ne soutient personne et il ne tue pas de ses propres mains. C'est comme s'il faisait partie de la communauté humaine dans son ensemble *en dépit* de sa différence, et qu'il était appelé à lui apprendre à mieux vivre. Il est le bien, et, au deuxième degré seulement, le mal, parce que le don est écrasant s'il est total, et qu'il faut savoir s'en servir. Sa relation avec les hommes est celle d'une complicité ; la démesure ravage, la mesure est donc requise. Sous cet aspect assez simple, la logique conclut un pacte avec l'irrationnel, et l'on comprend qu'il soit dit dans la tragédie que le dieu est à la fois le plus terrible et le plus doux (v. 860-861). L'oxymore lie deux aspects solidaires.

Zeus a choisi la fille de Cadmos pour se reproduire sous une espèce encore inconnue ; le roi est phénicien de naissance, la ville est la capitale de la tragédie. Ce sera le lieu d'une insertion du divin dans l'humanité. La double gestation de l'enfant répond à l'accomplissement d'un dessein précis et complexe.

III. L'initiation

La faute introuvable

La légende thébaine s'écroule dans le déballage des versions multiples et des rumeurs. Cadmos et Tirésias, sur la route de la montagne, sont bientôt rejoints par Penthée, roi en exercice. Penthée sait que les femmes battent la campagne, il sait aussi qu'un étranger d'allure suspecte est entré dans le territoire. Il met aussitôt les deux faits en relation. C'est le début de la tragédie, la sienne. Penthée subira une mort atroce. Pourtant ce n'est ni un méchant homme ni un tyran. Simplement il ne reconnaît pas, dans le minet parfumé qui parcourt le pays et se fait suivre par les femmes, un dieu vénérable. Sa méfiance sert de prétexte à la manifestation catastrophique de la puissance du dieu.

Les étapes de la victoire de Dionysos suivent le chemin d'une initiation religieuse. La pièce est montée comme cela. On a pu s'y méprendre, et considérer le contenu comme purement cultuel, reproduisant les rites initiatiques du temps ou annonçant les mystères hellénistiques. Il est plus logique, et plus conforme à l'expérience que nous avons de la création littéraire, ou au détail de la compréhension des vers, de penser que la matière empruntée au culte sert à composer une initiation grandiose à la vie et à la mort qui dépasse le destin d'une seule cité.

On peut se demander pourquoi Penthée, dès le début (v. 215-232), aussitôt confronté à l'action du dieu, rattache le départ des femmes à des scènes de débauche. Serait-ce vraiment que, dans son esprit, ce sont des dévergondées, qui abandonnent leur foyer et leurs métiers ? L'idée ne le quittera pas ; elle fait partie de son rôle de gardien des lois. La stratégie de Dionysos s'y appuie. Pourtant, il n'y a pas d'hommes là-bas. Penthée sait fort bien que le dieu les a entraînées vers la montagne. C'est donc la bacchanale, orchestrée par le dieu, qu'il interprète à sa manière ; le fantasme est en relation avec l'invisibilité des femmes, éloignées de leur foyer dans la montagne. N'est-ce pas déjà le dieu qui oriente son imagination dans ce sens ? Il l'aurait attiré, en déplaçant les Thébaines sur le Cithéron, dans la voie d'une libido, qui le domine et le conduira à la mort ; il a lancé son ennemi contre sa loi ; c'est une manière de le conduire à lui. Son action se réduira à occuper l'esprit du roi par une obsession jalouse ; Dionysos est femme aussi en effet, et il dispose comme Aphrodite de l'attrait des séductions imaginaires. Il joue avec les femmes, dans un sens ou dans l'autre, d'un interdit à l'autre.

Dès sa première intervention, Penthée mentionne Actéon, fils d'Autonoé [1], le cousin supplicié, déchiré par ses chiens. Pour E. R. Dodds, attentif aux rites [2], le point commun est le « sparagmos », le démembrement. Actéon, le chasseur, a été démembré par ses animaux fidèles, Penthée le sera par ses femmes. Le choix de la légende s'expliquerait-il thématiquement comme un écho du motif du chasseur chassé, au centre de l'intrigue ? Mais quelle est la faute ? Dans Hésiode (fragm. 217 A), Sémélé est violée par Actéon ; Artémis, protectrice des vierges, la venge. Actéon ne peut plus occuper cette place dans l'histoire que compose Euripide, où il est évincé par Zeus. Cette éviction a pour avan-

1. Elle est la femme d'Aristée, fils d'Apollon et de Cyrène, dont le nom est peut-être étymologisé. Il est le meilleur, et il pourrait offrir un refuge à Agavé dans son exil (v. 1371).
2. E. R. Dodds, p. 108, *ad* v. 337-340.

tage d'introduire un parallélisme entre Dionysos, dieu homme, et sa mère, femme déesse, aimée par un homme. Il existe un foyer commun encore plus profond dans les deux histoires : le désir travaille Actéon et Penthée, désir de voir, désir des femmes. Dans une autre version de la légende, Actéon est puni pour avoir surpris la déesse Artémis nue dans son bain.

En tout cas, Penthée n'est pas un monstre de scélératesse ; au contraire, il défend l'ordre établi, et d'autres dieux que Dionysos, qui le consacrent. C'est de la mise en question de cet ordre qu'il ne veut pas. Le roi n'est pas aveugle, ni non plus naïf. Il se bat dans une cause perdue et tolère d'autant moins l'adversaire que celui-ci est insaisissable. On a tort d'insister sur la tyrannie [3]. D'autres l'ont fait dans le cas d'Œdipe, avec moins de justification encore. Penthée se débat. Il est acculé dès le début, il se sent menacé par l'inconnu ; il a recours aux moyens qu'il a face au dieu qui l'assiège, seraient-ils extrêmes, jusqu'au moment où il succombera à la séduction. Le dieu en décidera. Si l'on culpabilise le roi pour justifier le châtiment qu'il subit, on fait en même temps de Dionysos un sauveur, qui apporte une meilleure vie. Mais il n'y a pas de faute. Aucune thèse ne se plaide ni ne se juge. L'un est roi – et s'acharne –, l'autre, dieu ; il prévaut.

3. On est influencé par l'épisode de Penthée dans les *Métamorphoses* d'Ovide. Penthée y est traité de tyran. Le poète latin a réécrit plusieurs épisodes de la légende thébaine utilisés par Euripide ; ils se présentent séparément dans son poème : la non-reconnaissance du dieu à Thèbes par les filles de Minyas (IV, v. 1-415) ; le foudroiement de Sémélé, provoqué par la jalousie de Junon (III, v. 259-315), le défi de Penthée contre le dieu et sa mort (III, v. 511-733) ; la fin de Cadmos et de sa femme (IV, v. 565-603).

Les Ménades guerrières

Le problème de savoir si c'est le culte qui est reproduit et qu'il s'agit de pratiques connues, ou s'il est transformé, inventé peut-être, se pose avec une acuité particulière dans le cas des Ménades guerrières. Le drame fournit la réponse, il montre un Dionysos qui dispose à son gré de l'extase et de la folie, à des degrés différents. Tout devient imaginable. Il lui faut des guerrières dans son plan, il fera des douces jeunes femmes de la ville, avec ses insignes et sous son joug, des furies dont les Érinyes mêmes ne sauraient égaler la rage.

Penthée a fait emprisonner une partie des femmes de Thèbes, celles qu'avait entraînées Dionysos (v. 226-227) ; il apprend ensuite par son serviteur que le dieu les a libérées miraculeusement (v. 443-448). La toute-puissance divine s'est manifestée ; le monarque ne veut pas en tenir compte ; il sait qu'il n'est qu'un homme ; mais il se bat et résiste, serait-ce dans le vide, avant de se laisser prendre à la fin par une ruse. Est-ce dionysisme refoulé chez lui [4] ? On en arrive plutôt à concevoir une action continue de la part du dieu, incluant les contraires, la rébellion et la cassure. La victime est plus près de lui que ses amis mêmes. Pour s'imposer à Thèbes, il n'a besoin que de la résistance d'un seul homme dans la ville. Ce sera le roi. Dionysos fait de tous les autres des complices, faux ou vrais, volontaires ou non, peu importe. La distinction n'a plus de sens.

Les deux récits des messagers de la montagne (v. 660-786 et, à la fin, v. 1043-1152) ne se font pas seulement écho ; ils se complètent [5] ;

---

4. Voir, entre autres, E. R. Dodds, p. 171, *ad* v. 854-855 ; et D. Conacher, « Aeschylus' *Oresteia...* », p. 346.
5. Voir I. J.-F. de Jong, « Récit et drame ». Elle insiste sur le pathétique, et le caractère dramatique, accentué par le mode du discours. Le tragique est porté par la participation d'un intermédiaire.

dans le premier, l'exaltation des femmes conduit au crime, accompli dans le second. Une décision restait à prendre, quand Penthée s'est confié à l'étranger. Le récit qu'il entend annonce clairement ce qui va suivre, comme les actions préparatoires – la toilette du condamné – révèlent la mise à mort prochaine. Mais le désir d'y aller, de voir les femmes et d'être parmi elles, est plus fort ; il l'aveugle et le perd.

Le messager parle au nom de Dionysos, qui l'introduit sur scène comme un envoyé (v. 657-658). Il recrée l'invention du dieu. Les tableaux qu'il dépeint sont d'un bout à l'autre destinés à Penthée : la discipline que les femmes observent dans leur culte sauvage, leur rage quand leur sanctuaire est envahi par les hommes devraient l'avertir du danger. Le roi ne sait pas, il ne doit pas déchiffrer le message. Contre le militantisme des forces brutes de la nature, il maintient son propre règne, fondé sur un principe d'ordre ; la recherche d'une source primitive, toujours jaillissante, lui est interdite. Ce n'est pourtant pas en justicier qu'il parle ; Dionysos a transformé ses visions en un objet de désir fatal. Il croit pouvoir se rendre tel qu'il est dans les lieux qui lui sont interdits, il viendra pour voir ce qu'il ne devrait pas voir, bien qu'on lui affirme que l'abomination qu'il imagine n'a pas d'existence. Il succombe à son fantasme. Les femmes, aveuglées par leur délire, le châtieront selon leur culte, en le prenant pour une bête, dans la logique et selon la volonté du dieu-bête.

Les analogies entre les deux récits sont frappantes. Dans l'une et l'autre scène, les femmes dorment en un premier temps, couchées sur le sol, succombant aux charmes du végétal qui les enveloppe (v. 682-686). C'est une « dormition » préparatrice. Les cohortes des trois sœurs ne sont pas vraiment séparées ; l'exaltation maîtrisée et mesurée, qui règle les cérémonies évoquées dans la Parodos, est d'une tout autre nature. Dans le premier récit, les femmes sont surprises par les bergers de Penthée. Elles y reconnaissent l'ennemi, et s'acharnent sur eux. Les hommes parviennent à s'échapper et sauvent leur peau, mais les forcenées arrachent un à un les membres de malheureuses vaches. Le troupeau fournit les victimes substitutives d'un démembrement prémonitoire (v. 735-747). C'est une première phase ; elle est encore détournée et symbolique, la guerre grotesque reste dans le domaine animal. C'est aussi sinistre que le sera la lente et longue torture qui attend Penthée ; aussi sinistre que l'expédition imposée à la fin par le dieu à Cadmos et à sa femme loin de Thèbes. L'usage que les femmes font des serpents en s'armant (v. 698), le sein qu'elles donnent aux bêtes (v. 699-702) montrent assez qu'elles ont franchi une limite. C'est le culte du dieu et ce ne l'est pas. Les règles ne sont pas observées, les Thébaines ne se contrôlent pas. L'extase les déshumanise. Les prodiges qu'elles réalisent en jetant leurs bâtons à terre ou en grattant le sol, l'eau, le vin, le lait ou le miel qui coulent (v. 704-712) font voir que le dieu les habite et les égare, le maître de la nature et des eaux. Il est avec elles, il les accompagne, elles le servent, il les excite et pourrit leur délire.

Les critiques sont embarrassés par ces faux miracles. Quel est le rite ? On ne comprend ces prodiges que dans la perspective de la mise à mort, dans le contexte de la pièce et de la raison dramatique qui se suffit. Une finalité a été arrêtée par le metteur en scène divin, qui poursuit son but ; présent, absent, il est toujours divin. Selon la fonction qu'il leur assigne, il intègre les femmes dans sa mouvance ou les lâche. S'il se manifeste, c'est pour prendre possession d'elles et les enrôler.

Penthée pourrait prendre peur, d'autant plus que les victimes, dans la suite du premier récit, sont déjà des êtres humains, et que l'on voit la fureur des femmes se déchaîner et ne reculer devant aucune violence. Elles se préparent, sans le savoir, à accomplir leur mission. Le messager, comme chargé par Dionysos, dit clairement au roi qu'elles sont loin de se livrer à de doux ébats (v. 687-688). C'est la guerre, ce n'est pas l'amour. Rien n'y fait. Le désir de Penthée l'emporte, l'obsède et le pousse vers ses fantasmes. L'ivresse dionysiaque l'alimente en effet (v. 851) ; il est léger mais l'amène dans la nasse du délire lourd et meurtrier des femmes de la forêt. Penthée veut s'instruire *de visu*. Il pourrait prévoir sa mort : on la lui fait voir en paroles, mais le dieu excite son désir. Il agit sur l'inconscient, dans la profondeur de l'âme. Il le prépare, il l'assure de sa fidélité indéfectible, sachant que l'autre ne comprendra pas. Il lui montre la mort, elle est en ce lieu où il le conduit. On ne peut en tirer que Penthée s'est de lui-même initié et rapproché du dieu.

La description des Ménades fait encore clairement écho au tableau du cortège idéal dans la dernière strophe de la Parodos (v. 134-147). L'une est le modèle, l'autre une application inquiétante ; la confrontation fait apparaître une différence essentielle. Les Ménades, dans le décor enchanteur où elles se complaisent, fourbissent leurs armes ; ce sont les armes du dieu, la mort dans les mains de Dionysos. Le dieu a entraîné les Thébaines de force, laissant Penthée les lui disputer. Quand le roi arrive dans le pays au début de la pièce, il déclare avoir réussi à capturer une partie des femmes ; le dieu les lui reprend. Un premier miracle s'était produit avec leur libération. Elles sont à son service. Elles-mêmes se croient attachées à lui. Dionysos leur a tourné la tête ; il en fait des monstres qui appliqueront monstrueusement ses rites. La discipline, chez ces Bacchantes, « maîtresses de fauves », reines dignes d'un théâtre shakespearien, fait couler le sang et elle génère la mort. Rien ne l'empêche de les appeler à lui et de faire d'elle des Érinyes à sa convenance, poursuivant leur propre race [6]. Dans cette folie de théâtre, rien ne les arrête. Une impiété suprême coïncide avec la piété la plus stricte et la pratique du rite, puis s'égare. La douceur vire à la férocité, et se hisse sur le noir tribunal de la loi religieuse.

6. Voir l'épithète des dames du palais, « les Bacchantes reines » (v. 664).

« Il reste un moyen »

Le dieu est *apparu* dans le palais (v. 594-595) ; puis le messager révèle la fureur redoutable des bataillons de femmes enflammées. Penthée ne veut pas entendre ; il s'obstinera en même temps et organisera sa résistance ; il se débat ; le dieu lui fait voir qu'il est pris dans un piège. Mais il ne faut pas non plus que Penthée se décourage et perde ses moyens. Le dieu lui propose une issue ; la voie de la frivolité va le conduire à la mort. « Il reste un moyen » : les femmes (v. 802). La phrase forme un pivot. Aphrodite permet au dieu de jouer le jeu jusqu'au bout. Le désir de Penthée triomphe. Dionysos l'amènera chez les tueuses. Il l'habille et le prépare ; il immolera saintement l'adversaire, et cette initiation, transfigurée par le théâtre, comme parodiée, sanctionnera l'installation de sa divinité à Thèbes. L'obstination est un trait qui caractérise le rôle de roi : il lutte contre l'anarchie, rejoignant la nécessité impérieuse et théologique, qui fait de lui la victime et le « souffrant » de la tragédie.

Dans l'histoire de la tragédie – l'histoire littéraire du genre –, Euripide passe pour avoir accru le poids du pathétique. Dans le vocabulaire religieux, propre aux *Bacchantes*, ce pathétique s'appelle passion. Toutes les victimes du théâtre euripidéen sont d'abord des victimes du pathétique. On doit tenir compte d'une double connotation : dans le registre du genre et dans celui de la matière mise en scène, et elle vaut aussi pour les rôles. Penthée est acharné comme il sied à un roi. Son obstination royale fera de lui un « souffrant », non qu'il mérite la mort, mais parce que la violence culbute dans l'état de celui qui subit, le plus passif qui soit.

Dans l'attente humaniste traditionnelle, la mort de Penthée devait être au centre de l'intrigue : ce ne serait pas une tragédie si manquait le héros tragique ; il faut un caractère et qu'il soit coupable. Le dieu, s'il le tue, et si atrocement, doit le tuer pour quelque chose, pour une faute. Cela ne devait pas être pour rien, pour sa simple gloire. Pourtant la pièce n'a pas d'autre objet ; la gloire du dieu suffit à son argument.

Penthée est privé par le dieu aussi bien de sa liberté que de son identité et même de sa volonté ; il est seulement le point d'ancrage de l'action. S'il est le héros tragique, c'est un héros jouet dans les mains de Dionysos.

Les scènes à deux personnages, si étonnantes de cruauté, opposent un bourreau-serviteur et un maître-esclave. L'antiphrase et les jeux de bascule dominent dans le mouvement de la pièce. La volonté qui se brise, l'acquiescement à la chute, le désir de succomber, et le consentement secret deviennent l'essentiel – la manifestation d'un non-être dans la négation de soi, une volupté cachée, tisonnée par une Aphrodite absente. Le rite ne compte plus. Les Lydiennes ne souhaitent-elles pas être auprès de la déesse de l'amour, à Chypre, dans la sainteté ? Elles sont femmes. La fin sanglante est masquée. Penthée expulse et recherche les Thébaines, ses parentes : c'est qu'il leur est livré. Dionysos, moqueur, lui demande d'où lui vient l'envie qui le dévore, et qui lui sera fatale, de rejoindre les femmes. Penthée esquive la question : non, ce ne sera pas une partie de plaisir, il aura beaucoup de peine à voir la soûlerie ; après tout, ce sont ses parentes (v. 814). Il dit vrai ; il a peur, au fond, de l'ivresse. Dionysos précise : *Et pourtant tu jouirais d'un spectacle cruel pour toi ?* (v. 815). Jouira-t-il à la fin, le pauvre Penthée, d'être écartelé ?

Un scénario initiatique

Dans le vertige où il est entraîné, le roi subit patiemment le traitement qui lui est administré. Il reçoit une initiation d'un genre particulier. Après, il n'est plus le même ; il a été conduit sur la voie que lui trace le dieu. Penthée sera encore un autre. Travesti en femme, il s'identifiera à ce que, comme Héra, il déteste le plus ; il aura ce sexe mixte qu'il honnit. Il se persuade qu'il ressemble à sa mère et à ses tantes (v. 925-926). C'est qu'il porte déjà le vêtement de sa mort, celui des tueuses. Le dieu cruel le confirme, annonçant la fin de son action : « En te voyant, je crois les voir elles-mêmes devant moi » (v. 927) [7]. Le roi a été mis sur les rails. Le terme du voyage est connu.

La destruction sociale du roi, qui craint d'être livré comme à la comédie à la risée des Thébains par le dieu du rire, précédera sa mise en pièces dans les bois (v. 840, 842). Le dieu-fauve n'a pas l'habitude de tuer lui-même ; il le livre à son clan, il le punit en le chargeant de la sale besogne. Les délires familiaux se rejoignent. La soif de sang des tueuses et le voyeurisme de la victime se partagent les rôles. Serviteur encore, servant sa victime, le dieu s'adresse à lui-même et à son *alter ego* divin, celui qui règle et module à sa guise le psychisme des personnages, et dose les degrés de leurs délires (v. 971-976). L'intervention du double ne se réduit pas à l'opposition du conscient et de l'inconscient. Dans ce soliloque, l'action se met à nu, le plan se dévoile comme au début du Troisième Épisode, avant le retour de Penthée sur scène.

La présence des femmes du Chœur, les confidentes et les complices du dieu, contribue beaucoup à la mise en perspective de l'action initiatique. La liturgie civique cède la place sur la scène à une initiation existentielle, qui dépasse Penthée et englobe le dieu. Avec le dieu, les Ménades forment un groupe de conjurés, discutant du coup qu'ils montent. Le supplice de Penthée se situe à un niveau de vérité ordinaire, une vérité humaine, dure et immorale : le renversement des pouvoirs, la révolution en quelque sorte. Le principe d'un sacrifice cruellement nécessaire détermine les étapes d'une initiation fictive jusqu'à la fin.

7. « De tous les travestis dionysiaques que nous connaissons, seul le Penthée des *Bacchantes* dans le portrait psychologique qu'en fait Euripide est soumis à un véritable changement de personnalité » (A. Henrichs, « Changing Dionysiac Identity », p. 159).

À la fin de la pièce, tout dieu qu'il est, Dionysos se justifie (v. 1349), comme Artémis à sa manière dans *Hippolyte porte-couronnes* (v. 1389-1439), désarmée à la fin devant la mort de son protégé. D'abord il exerce une charge difficile, sinon impossible, qui lui a été confiée par plus fort que lui. La nécessité d'adoucir la condition humaine le conduit à tuer ; il se sert de l'excès qu'il incarne, tout en prônant la modération ; il défend son identité excédentaire par essence, où elle n'a pas de lieu reconnu. C'est le paradoxe, l'aporie exacte de son existence : le désordre même a sa loi. En amont, l'action crée une théologie. Le dieu distribue du divin, son être, mais il agit aussi en dieu, brutalement.

Le sens de la pièce – le sens où elle va, j'emploie « sens » dans ce sens – ne peut pas être considéré en dehors de l'intrigue. Le théâtre tire parti de la liberté d'action du protagoniste divin. Ce n'est pas n'importe lequel. C'est bien ce dieu-là qui offre sa mesure. Les pratiques cultuelles forment un élément moins essentiel que l'indécis même – la liberté laissée à l'impondérable. L'invention est cruelle par définition, puisqu'elle rompt tous les liens et que l'arbitraire défait la vie. C'est une façon spectaculaire de mettre en lumière les traits les plus vrais, à savoir les plus fortuits et les plus ordinaires du monde des hommes et des dieux. Le divin y gagne, il est tel qu'il fait ce qu'il veut, et le légitime.

La mise à mort

Penthée subit deux fois la mort, d'abord par son fantasme de femmes, le rêve qu'il ne s'avoue pas, puis par les femmes elles-mêmes, par ce qu'elles sont en réalité dans leur délire. L'ensemble de la cérémonie de préparation au supplice est un chef-d'œuvre du théâtre de la cruauté. L'initiation se fait dans les formes, elles sont sanglantes. La mort occupe toute une montagne, la nature entière du Cithéron, où se dresse la potence destinée à Penthée (Cinquième Épisode, v. 1043-1152).

Euripide est un maître du roman noir, de la narration funèbre. Que l'on songe à la mort qu'Oreste dans *Andromaque* inflige à Néoptolème dans le sanctuaire d'Apollon à Delphes ou, dans *Hélène*, au massacre des marins sur le bateau dérobé par la ruse à Théoclymène d'Égypte, qui conduit Ménélas à Sparte. Dans le récit du second messager des *Bacchantes*, Dionysos passe sans transition du rôle de serviteur dévoué au roi à celui d'accompagnateur et de préparateur de la victime. Il suit sa ligne jusqu'au carnage, laissant les basses œuvres aux femmes de Thèbes, se gardant les mains propres. La mise en scène est lourde. L'homme est lâché ; il est hissé au sommet de l'arbre, un sombre mât de cocagne. Sa vaine royauté s'impose à la vue dans le vide ; il est déjà mort, condamné avant qu'il ne soit découvert par les chasseresses. Le dieu a fait son travail, il peut disparaître, il se manifestera mieux par le son et la lumière, comme dans les initiations véritables. Celle-ci s'accomplit en plein air, en grand. C'est l'éclair, le signal du feu, auquel répond le silence de la nature, dans l'attente de sa voix. L'appel retentit deux fois. La boucherie ira à son terme.

La bête a été livrée prête à tuer, et les femmes se sont entraînées au dépeçage. La scène est d'un sadisme élaboré, l'horreur, savamment planifiée. Le cortège et la tête plantée sur le thyrse, tout l'ensemble cadre avec l'organisation d'une scène rituelle, et pourtant il est impossible d'interpréter ces aspects comme si c'était eux qui formaient le contenu suffisant de la pièce [8]. Ce serait plutôt la pièce qui donne son sens à l'initiation qu'elle construit.

Ainsi dans les scènes de carnage, Dodds fait du rite de l'omophagie l'élément principal [9] : si elle n'est pas développée, c'est que le public athénien n'aurait pas été prêt à en supporter le récit. Or les Ménades des *Bacchantes* sont d'abord des tueuses, ensuite seulement, à l'image du

---

8. Voir R. Seaford, *Reciprocity and Ritual*, p. 288-289 pour le vers 1157.

9. Voir l'Introduction, p. XIV, et p. 83, *ad* v. 138 ; et ci-dessous, p. 64-65.

Bacchant de la Parodos (v. 138) [10], des mangeuses. Les poids pourraient être déplacés. Le démembrement, auquel répond la reconstitution ultérieure du corps de la victime, peut être plus essentiel dans la pièce que le repas de chair crue, selon le rite. Les femmes dispersent les membres pour empêcher cette reconstitution. Le corps (les *disiecta membra*) a quelque chose d'abstrait et de mystique.

La mise à mort dramatique *imite* donc l'acte rituel. Une cérémonie est parodiée ; les références à la célébration des mystères ne manquent pas, mais les traits qui les rappellent sont comme *démystifiés* par une gesticulation burlesque et monstrueuse. L'art réinvente le rite à ses propres fins, et sait en faire voir le non-sens. Le récit est noir, la noirceur goûtée par le public, comme celle des films de Hitchcock aujourd'hui. La cruauté se suffit à elle-même dans la mise à mort. Le dieu a su tirer profit d'une situation incroyable ; elle lui a permis d'exhiber sa force dans une mascarade de l'absurde. Le comique est à la hauteur de l'énormité du supplice. Toute l'histoire de la non-reconnaissance a servi de prétexte pour y conduire. Il n'y a pas d'autre fatalité que celle d'un pouvoir unique qui s'exerce et s'impose.

10. Voir l'échange au sujet du « festin » entre Agavé, encore triomphante, et les Lydiennes (v. 1184), et dans le récit du messager les vers 767-768, qui évoquent une abominable dévoration (voir aussi au v. 754).

IV. Lectures dominantes

Quel sujet pour la pièce ?

Dans un manuel allemand, quasiment exhaustif et très consulté de son temps [1], le problème des *Bacchantes* est formulé comme un « sujet, qui se serait présenté à Euripide à la fin de sa vie » : la lutte entre la raison d'État et l'irrationnel, entre le rationnel et la religion, pour la première fois depuis l'*Antigone* de Sophocle [en 441, plus de trente ans plus tôt], et d'une façon tout à fait nouvelle ». Si l'État est Penthée, il s'effondre, comme un jeu de cartes devant la vérité de l'irrationnel. Il n'y a pas de débat dans la pièce sur ce sujet ; mais ce qui restait dans les esprits, c'était l'évidence d'un écrasement de l'un des deux partis, et donc d'une domination de l'autre. Les noms des deux termes antithétiques, le rationnel, passablement défraîchi, et l'irrationnel, rayonnant, sont d'époque ; ils marquent un retour au mythe, propre au XXe siècle. En conclusion, l'auteur [2] retenait que la raison politique, si elle s'oppose à une volonté des dieux, est pure folie. Comment n'eût-elle pas été ridiculisée par Euripide ? « [...] Car la nature impose de croire que le dieu est reconnu et consacré par la

1. W. Schmid, dans son *Histoire de la littérature grecque*, vol. 3, p. 657-658.
2. *Ibid.*, p. 680-681. L'auteur emprunte au Chœur des *Bacchantes* une profession de foi qu'il prend pour un message.

loi du peuple [*völkisch*], aussi bien barbare que grecque, plus forte que l'homme. » La croyance est érigée en vraie loi, sanctionnée par son existence séculaire ; aucune constitution ni aucun gouvernement ne peut s'y soustraire. L'analyse date des années 30 ; elle détourne le sentiment moral d'une loi naturelle pour le transférer à l'instance du peuple, assimilée à la race. On passe d'un débat entre humanistes à une théologie politique. L'horreur n'a plus de lieu historique ; elle se réduit à la vérité éternelle, révélée par le poète, à laquelle on se soumet : « qui ne reconnaît pas cette justice supérieure est irresponsable et doit être annihilé [*zerschmettert*] ».

La neutralisation savante

L'origine du culte de Dionysos a longtemps été située au dehors, soit en Thrace [3], soit en Asie (la Grèce du XIXe siècle préférait « la raison simple et vraie »). On établit souvent une relation entre le sujet traité et le séjour d'Euripide en Macédoine. Le dieu arrive d'Asie. Des deux foyers de l'expansion, c'est celui qu'a choisi Euripide en connaissance de cause. Le choix serait politique : la recherche de l'unité ethnique, prêtée au dieu, efface la différence entre Barbares et Grecs (elle l'efface en vérité jusqu'à la caricature, dans cette chevauchée infernale qui emmène on

3. Voir E. Rohde, *Psyche*, vol. II, chap. I, « Les origines de la croyance en l'immortalité. Le culte dionysiaque en Thrace » ; M. P. Nilsson, *Histoire de la religion grecque*, vol. I, p. 532-536. L'origine thrace de Dionysos chez Rohde (déjà supposée par Lobeck et d'autres, à partir d'Hérodote) est en relation avec l'idée qu'il se fait de la religion grecque, toute harmonie et sérénité, troublée par l'irruption des croyances en l'immortalité. La recherche est en apparence purement géographique, mais ce lieu extérieur est déterminé par une prolepse, celle de l'essence de la culture grecque. Dionysos, un étranger, est hellénisé.

ne sait où, à la fin de la pièce, le couple exemplaire de Cadmos et d'Harmonie, v. 1330-1343). On se complaisait à dire que le sentiment religieux non canalisé par l'institution favorisait l'éclosion des cultes orgiaques, relégués jusque-là. Ce besoin mystique s'exprimait encore dans la résistance de Penthée, le double inhibé du dieu rayonnant. L'analyse est courte : « Les frayeurs devant les secrets de la vie humaine et de la nation sont implantées dans le cœur humain. » C'est vrai. Les Modernes n'en finissent pas de retourner aux origines. Le sentiment religieux est primitif, il est primaire, ancré dans la nature, réformé ou redressé par de vagues représentations philosophiques. Euripide figurait un chaînon avant-coureur dans l'histoire, qui conduisait au triomphe des mouvements religieux de l'époque alexandrine et de l'Antiquité tardive. C'était un pré-tardif.

Nietzsche fait d'Euripide, dans *La naissance de la tragédie*, le champion de la tendance antidionysiaque. C'est encore à l'interprétation mythique des origines que ce renversement rend hommage : Les *Bacchantes* seront lues comme une abjuration, une forme de suicide. La lucidité était arrivée trop tard, la puissance démoniaque de Socrate avait déjà pris le dessus (chap. 12). Penthée, le raisonneur, c'est lui, Euripide, qui se juge et reconnaît l'adversaire. Le caractère tout diplomatique de l'adhésion de Cadmos et de Tirésias est interprété dans ce sens, comme un témoignage direct des sentiments de l'auteur : elle est trop molle pour convaincre le dieu. Il ne s'agit ni du dieu de la pièce ni de l'intrigue, mais de la vérité dionysiaque de la tragédie musicale et wagnérienne que les regrets d'une rétractation forcée ne reconnaissent pas. A. Henrichs a bien montré que Nietzsche n'apporte pas de nouvelle lecture du texte [4]. Il suit à la lettre les arguments critiques rédigés par Frédéric Schlegel, quelques dizaines d'années auparavant ; ils entraient bien dans son plan.

4. Voir l'article de A. Henrichs : « The Last of the Detractors », p. 371-373.

Ce qu'il écrit sur la pièce n'a rien à voir avec l'influence considérable, directe et indirecte, exercée par *La naissance*, quasiment en sens inverse, sur les lectures du dionysisme.

À la veille de la guerre de 1914, R. Nihard, en Belgique, dans un utile état de recherches, expose les interprétations outrées, qu'il dégonfle. Il est voltairien. Pour lui, Euripide n'était pas rationaliste, ni philosophe, pas croyant non plus, ni converti, ni rien, mais « poète » ; il savait insuffler vie à la matière, que l'on connaît par lui, telle qu'elle est transmise [5]. Les positions alors ne comptaient pas ; elles étaient toutes dépassées [6]. Ce qui veut dire que la pièce était litigieuse. Elle provoquait les conflits d'interprétation. Pour Martin P. Nilsson, historien de la religion antique, on ne pouvait ni être pour, et défendre le contenu religieux, ni contre, et penser que la religion était combattue [7] ; il adoptait une position moyenne, dans une interprétation psychologique. Plus près d'Ibsen, il juge qu'Euripide, partout dans son œuvre, trahit son intérêt pour des états psychopathologiques, comme la fureur de Médée, ce qui devait le porter aussi vers l'analyse de l'extase des cultes mystiques et orgiaques. En même temps, il s'adaptait à l'air du temps. Les anciennes croyances en effet avaient perdu de leur crédit et elles pouvaient donc servir de matériau.

Lumières, ou zèle de converti ? Les positions antagonistes, déterminées par leurs a priori, ont pu se reconnaître dans la pièce. Les neutralisations plus objectives s'encastrent entre les deux. Mais n'est-ce pas les extrêmes qui règnent, l'éclat d'un triomphe dont rien ne peut arrêter la cruauté et qui, pour être divin, n'est pas plus tolérable qu'une autre domination ? Il y a une histoire à la base ; l'intrigue n'est sans doute pas moins

5. « Le problème des *Bacchantes* », p. 117.

6. Les *Bacchantes* ne sont pas une pièce de combat : Euripide « s'est inspiré uniquement de considérations artistiques », *loc. cit.*, p. 368.

7. *Op. cit.*, vol. I, p. 736-737.

romanesque ni moins réinventée dans d'autres pièces, ni moins noire et moins désespérée. Elle n'a pas été composée *contre* ; le *pour* suffit à démonter la cause. Il ne s'agit pas de prendre parti. Le pouvoir absolu a tous les prétextes pour se déchaîner absolument.

L'idée d'un engagement antireligieux d'Euripide est anachronique, elle date de l'époque des mouvements anticléricaux ; il reste une radicalité extrême, un projet artistique hardi, qui comporte indiscutablement un aspect que nous appellerions « critique ».

Un Euripide édifiant

A. J. Festugière n'a pas de mal à admettre en même temps, en négligeant la contradiction, la piété des dévotes du Chœur et le déchaînement des mauvaises Ménades ; c'est qu'il partait de l'idée que l'« intrigue » – il appelait ainsi la matière traditionnelle et mythique – était une donnée immémoriale, à laquelle on ne pouvait pas toucher. Le démembrement en faisait partie : rite barbare, mais l'âme du poète ne s'y exprime pas moins dans sa force originelle. La contradiction se résolvait en perdant son sens. L'atmosphère, la « Stimmung » (terme emprunté à Wilamowitz, le savant toujours admiré), prenait le dessus ; la pièce – dans un au-delà de l'horreur – baignait dans la spiritualité ; c'était la « sincérité » ou la simplicité d'Euripide. Le théâtre n'intervenait pas ; il reproduisait, l'intrigue n'était qu'un prétexte, qui s'offrait au poète pour protester du fond de son âme contre la cruauté des dieux païens. La voix qui montait du fond de l'âme ne pouvait être que chrétienne, préchrétienne. Le théâtre est dépassé, la dramaturgie reléguée. Le poète dirait plus vrai dans certains chants du Chœur, où il trouve le lieu propice d'une célébration de la vie simple et des bienfaits de la rusticité. Chez Festugière, la religiosité englobe le romantisme. L'auteur est un dévot, imprégné par les sentiments les plus nostalgiques. Dionysos devient « le symbole de la paix de l'âme. Or la paix s'obtient par la simplicité du cœur, et cette vertu est l'apanage des petits [...]. Ce “commun peuple” n'est pas la populace des villes, gâtée par les démagogues [...] : c'est le rural que la ville n'a pas souillé, qui accomplit pieusement sa tâche quotidienne [...]. Le philtre de paix nous est fourni par la nature, [...] la terre et le ciel, [...] les bêtes sauvages » – le dieu-nature. Ces lignes sur le dieu-nature sont écrites par un historien des religions de grand renom, dominicain, membre de l'Institut. Il dresse la liste impressionnante, mais non exhaustive, des citateurs de l'Antiquité, témoignant de la popularité exceptionnelle de la pièce : Chaeremon, Théocrite, Aristote, Callimaque, Satyros, Plutarque, Virgile, Horace [8]. Festugière ajoute, d'après le manuel cité de Schmid, que c'était aussi la tragédie sur laquelle, déjà au milieu du siècle passé, on avait publié le plus d'essais et de travaux. L'influence et l'écoute confirmeraient la thèse d'une continuité spirituelle. Par la pureté du sentiment, Euripide était en avance sur son temps. Le critique s'accroche aux positions des Lydiennes pour les transférer à l'auteur, sans tenir aucun compte de leur fonction dramatique, éliminée d'emblée. On s'attachait moins à la fonction cultuelle et à la forme que prend le dionysisme. La spiritualité pure devait l'emporter. Festugière n'adoptait pas la conversion ou la palinodie : Euripide avait toujours senti de la même manière. Avec la palinodie, on ouvre la porte à la rationalité critique, du fait même que l'on admet qu'elle a été reniée sur le tard.

Les règles de l'explication littéraire, dans les universités de la fin du XIXe siècle, entraînent cette lecture. Elles mettaient en avant « l'homme et l'œuvre », et on passait ensuite sans peine à la religion, dans la sphère

8. A. J. Festugière (« Euripide », p. 127-128) ne cite pas la fin du *Carmen 64* de Catulle, ni *Les métamorphoses* d'Ovide. Au début de notre ère, on pourrait ajouter Celse, Clément d'Alexandrie, les Actes des Apôtres (Pierre délivré de ses liens dans sa prison), etc.

de l'âme et de ses vertus. On comprend mieux le rejet viscéral de la psychologie dans la modernité, et le recours aveugle, et souvent mécanique, dans la lecture des textes, au rite, quand on a sondé ces abus.

Une génération plus tard, Jeanne Roux, dans l'introduction de son édition commentée des *Bacchantes* (1970-1972)[9], ne s'est guère éloignée de ce point de vue « littéraire ». La représentation d'un contenu oriente l'interprète vers l'âme d'un « auteur », par définition aussi universel que doit l'être la matière enseignée. La vérité transcende ; en un sens, elle synthétise toutes les interprétations, s'accommodant d'un pluralisme, aussi bien que d'un certain éclectisme. Euripide n'est pas l'esprit critique qu'on a cru ou dit, il ne défend rien de tel.

Roux cherche à saisir la pensée de l'« auteur », la situant dans sa vie, à savoir dans son cadre historique ; c'est l'acquis « scientifique » d'une recherche universitaire. Elle pense à l'Athènes de la fin du Ve siècle avant J. C. En réalité, sa vision reste entièrement marquée par une attente absurde, propre au milieu du XIXe siècle.

Penthée n'est pas le monstre que disent les femmes de Lydie : les paroles des chants de Chœur seraient en l'espèce défaillantes, produites par la passion. Ailleurs elles disent vrai, lorsqu'elles célèbrent la vie simple ; la construction moderne en décide. Penthée n'a pas fait de faute ; il n'a aucun « péché » à se reprocher. Sa culpabilité est réduite à une « erreur », qui a sa raison en dehors des fondements mythiques. Il représente la cité en tant que telle, la société contemporaine. Ce n'est pas un tyran, c'est un bon roi, défendant un idéal de savoir (le *sophon*) que partageaient les Athéniens de l'époque, influencés par les sophistes. Dans cette « dialectique » modifiée, le mal est dans la technique, dans la domination exercée sur la nature, associée à la place primordiale qu'occupaient

9. Voir en particulier p. 3-71.

les arts, violentant un ordre originel et pacifique. Les communautés religieuses incarnaient ce retour dans une nature moins souillée, où les thiases parcouraient les bois dans la proximité des bêtes et du végétal. Dionysos représente dans cette schématisation une pureté perdue ; si Penthée n'a pas su la reconnaître, c'est qu'il était prisonnier des valeurs établies ; « il a manqué de faire leur juste part aux forces obscures de l'être qui inquiètent [...], mais qui seules peuvent le porter d'un coup d'aile dans ces régions supérieures auxquelles ne permet pas d'accéder la raison [10] ».

C'est exactement la ligne codifiée en 1940 par W. Schmid, lorsqu'il rapproche le conflit d'Antigone et de Créon. Les sophistes trahissent l'esprit, par l'exaltation de la raison ; la montagne, loin des hommes, offre un lieu de purification, dans l'exaltation de la déraison. La sagesse se dresse contre la science. Euripide adressait à Athènes le message posthume d'une révolution morale.

Le sort qui frappe le héros doit instruire le public. La thèse, si l'on fait abstraction des représentations introduites par les critères structuralistes, est reprise dans le schéma qu'adoptera Vernant [11]. La différence avec le manuel allemand apparaît au niveau du statut réservé à l'irrationnel. Il reste plus psychologique en France, même lorsqu'il est formellement situé dans l'histoire ; il touche l'âme individuelle, celle du lecteur qu'il imprègne, là où l'antithèse trouvait en Allemagne une application plus franchement politique et collective. La loi véritable y était immuablement ancrée dans la conscience du peuple, et devait y rester, disponible comme une source de salut. Dionysos était l'espoir qui brouillait les pistes du monde fini des conventions au profit de l'indistinct inexprimable.

Alors que l'histoire des religions, ou plutôt du sentiment religieux, s'intéresse à des aspects constants, une perspective, étroitement rapportée

---

10. *Op. cit.*, vol. I, p. 71.
11. Voir ci-dessous, p. 59-61.

aux conflits politiques contemporains, vient opposer à la révélation d'une sagesse sans âge, comme chez Heidegger, ou chez Adorno (qu'on lisait moins), une raison technologique pernicieuse, qui est attribuée aux sophistes, vus comme les précurseurs des Lumières.

Pour Roux encore, c'est primordialement le Chœur des Lydiennes qui nous fait connaître les sentiments profonds du poète et son message salutaire. Pourquoi, sinon, le lire ? Sa voix ne se fait entendre directement et clairement que là. Le ménadisme alors, c'est le dieu, il dit vrai, il ne peut pas être divisé, et accueillir une pratique maîtrisée d'une part, et d'autre part, détériorée, suivie par les Thébaines. Le dieu est un ; il représente un ordre des valeurs supérieur, et un principe, révélés par une intériorité de l'« expérience », plus pure que le monde sensible. Les crimes des femmes abandonnées à leur fureur ont beau inspirer le frisson ; ce sont des tueuses archaïques, qui n'ont plus qu'une valeur symbolique. Une spiritualité nouvelle recouvre des actions que le public, à l'époque d'Euripide, ne reconnaissait plus. Il faut donc conférer à l'omophagie même le statut de signe, traduisant un « état intérieur ». Elle évoque à présent la communion intense avec une nature intègre où se rejoignent les désirs profonds de l'âme. La pureté nouvelle habite les thiases traditionnels. La vérité conserve des traits archaïques sinon originels, mais leur sens, par l'effet d'une épiphanie nouvelle, est épuré. Ainsi le dieu, dans l'histoire du sentiment religieux, s'est soustrait à lui-même. La position peut paraître contraire au ritualisme, qui souligne la persistance des aspects les plus violents et répugnants. La différence sur plusieurs points n'est qu'apparente [12].

De même Maurice Lacroix, dans une édition qu'il publie après Jeanne Roux, à la fin d'un long enseignement dans les classes préparatoires des grandes écoles en France, associe le « destin » de la rencontre de Penthée avec le dieu (il ne s'en prendrait pas à Dionysos, mais aux pratiques

12. Voir l'embarras de E. R. Dodds au sujet de la dévoration de chair crue, l'omophagie ; voir ci-dessous, p. 64-65.

importées de l'étranger) aux miracles évidents, qui lui rappellent aussi les Évangiles, optant en faveur de l'introduction d'une religion nouvelle. L'exemple de Penthée incite le spectateur à se montrer accueillant à l'égard d'un autre message, émanant d'un ordre à venir. Si Euripide est subversif, c'est dans une logique de l'histoire, un progrès quasi hégélien de la spiritualité. Le christianisme sera la prochaine étape. Le paganisme est déjà dépassé. Platon se chargera de le transmettre pour le livrer à la méditation des penseurs chrétiens. L'enseignement trouve son unité dans les « passages », qui font triompher une vérité immémoriale, trouvée en deçà des siècles. La préfiguration n'est pas interrogée dans sa conception ; elle ne l'est pas toujours par les historiens des religions. L'anticipation même est présentée sous la forme d'un héritage. Il fallait l'antithèse de l'impunité ; la dualité du délire des femmes – les vierges folles et les vierges sages – est chargée d'une dimension morale. Agavé et ses sœurs ne sont pas des « Bacchantes authentiques ». « Elles se sont rendues coupables ; leur participation aux cérémonies dionysiaques prend [...] l'allure d'une parodie sacrilège [...] [13]. »

La présentation faite par Henri Grégoire en 1961, dans l'édition bilingue la plus utilisée par les étudiants francophones, a sûrement beaucoup contribué à accréditer la lecture spiritualiste. Elle n'est pas tant inspirée par la croyance religieuse [14] que, plus directement, par les

13. Voir l'Introduction, p. 18 ; si les femmes se déchaînent, c'est que leur cœur est impur. L'explication psychologique n'est pas conciliable avec l'idée que le dieu les conduit dans leur délire.

14. Ce n'est pas qu'on ne se réclame pas des écrivains chrétiens : « [...] ils ne comprenaient pas la pièce comme une œuvre impie, mais comme une glorification de la foi religieuse (et sans doute une foi différente du paganisme traditionnel) », M. Lacroix, *ibid.*, p. 19. H. Grégoire, dans des pages singulières (« Notice », p. 235-237), voit en Euripide un converti, et il éclaire la conversion, en rapprochant les calculs politiques du parti catholique aux XIXe et XXe siècles.

habitudes d'une tradition scolaire, attachée coûte que coûte aux contenus généraux positifs et assimilables. Il est certain que les interprétations structuralistes contemporaines en restent largement tributaires ; elles ont situé une vision semblable dans un cadre différent. L'anthropologie n'a jamais modifié ses bases, elle n'a jamais touché à l'établissement du texte ou de son sens.

La percée de l'irrationnel

Dans l'introduction du livre récent de Wildberg sur les dieux d'Euripide, la force de l'irrationnel, opposée au scepticisme et au rationalisme, est distinguée du tournant anthropologique, représenté par l'école de Gernet, où l'existence d'un énoncé précis est mise en question [15]. Ce n'était pas vrai pour Dodds. Auteur classique d'une thèse sans doute discutable, *Les Grecs et l'irrationnel*, qui, rencontrant, après la dernière guerre, l'attente du public, eut un grand succès, il fut l'un des promoteurs de l'interprétation ritualiste de la pièce, largement influencée par Frazer et l'école de Cambridge. Quand il peut, il rapproche la pratique religieuse, sans trop s'occuper de la transformation de la matière par le projet esthétique ou intellectuel de l'auteur. L'objectivation laisse une place au sentiment, mais elle lèse l'art [16].

15. C. Wildberg, *Hyperesie und Epiphanie*, p. 4.

16. Voir, sur la carrière de E. R. Dodds, H. Lloyd-Jones, *Blood for the Ghosts*, Londres, 1982, p. 286-294. L'influence de l'helléniste d'Oxford, G. Murray, est déterminante. C'est à l'ouverture de son prédécesseur, qui incluait un très vif intérêt pour les travaux de l'école anthropologique de Cambridge, qu'il doit d'avoir été choisi contre toute attente pour occuper la chaire prestigieuse d'Oxford.

L'historien du culte a beau prendre ses distances – n'adoptant ni la conversion tardive d'Euripide aux mystères rédempteurs d'une religion, ni le point de vue des rationalistes, qui s'attachaient à la portée satirique du discours ; à la fin, Dodds parle lui-même d'une « découverte » du rite qui serait comme une « illumination ». L'objet se trouve alors immensément valorisé. Le livre a été écrit au cours de la guerre de 1939 ; l'édition des *Bacchantes* est de 1944. Historien des pratiques, il n'avait d'autre recours que d'établir une affinité « poétique » avec une conversion d'ordre mystique qu'il connaissait par le Rilke des *Élégies de Duino*. Euripide avait retrouvé à la fin de ses jours, dans la nature sauvage, un vrai « sentiment » *(Gefühl)* ou alors, par réaction, une dimension nouvelle de l'« émotion », comme on l'éprouvait entre les deux guerres, un contact avec les sources obscures du pouvoir, que lui avait fait perdre de vue l'environnement trop narcissique *(self-conscious)* et hyperintellectualisé d'Athènes à la fin du siècle. On fait appel à une vérité psychologique : « Les sentiments étaient refoulés dans son âme, ils pesaient sur sa conscience. » Euripide n'avait pas pu les exprimer librement dans son œuvre antérieure. Le ritualisme exprimait le besoin d'un retour ; il impose une démarche archaïque, sinon primitiviste dans l'étude des croyances. Sur un autre plan, il s'accommode des valeurs humanistes, qui sont tout à fait indépendantes des recherches ethnologiques, menées à côté de lui et après lui. Il fallait ménager un passage entre l'analyse « positive » (en apparence positiviste) des rites et une pratique sociale, l'acte de foi généralement admis dans l'enseignement universitaire.

Le but que s'est fixé le poète restait contradictoire, on prêtait à Penthée, le héros de la pièce, l'un des points de vue dans un conflit psychologique, puis on en reportait le retentissement sur l'auteur ; sa biographie en était enrichie. Dodds félicite Zielinski de s'être pénétré de la psychologie des profondeurs ; il note que ce n'est pas Dionysos seulement qui habite Penthée : « les choses primitives », les appétits libidineux, « surgissent [...] dans sa propre poitrine [17] ». Euripide finalement n'était jamais « sorti des tourments de l'ambiguïté ». Il avait observé des pratiques troubles dans son exil macédonien. Les orgies orientales l'avaient ébranlé. Il en a fait la matière d'une pièce, qui montrait un contre-pouvoir despotique d'une violence inouïe. La raison succombe ; elle ne conserve son ascendant qu'en se repliant sur son infirmité. C'est la tragédie de Penthée [18].

Si la critique, influencée par l'étude des mystères de l'époque hellénistique, fait généralement aujourd'hui dans une lecture inculquée de la pièce une véritable cérémonie, Les *Bacchantes* sont la préfiguration d'un culte ultérieur. Il est évident qu'Euripide présente le scénario comme une initiation. La mort de la victime en est le point culminant. Penthée est l'initié. Mais cette histoire, c'est Euripide qui la fabrique, avec les rites dionysiaques qu'il connaît, et d'autres pratiques. La matière religieuse fournit la base d'un développement scénique. Rien, dans la pièce, n'évoque les croyances d'outre-tombe, ni aucune promesse d'immortalité ; les imprécations de la fin sont tout à fait conventionnelles, liées au drame, mais presque hors pièce dans l'Exodos. L'absence de ces thèmes est d'autant plus frappante que Dionysos est le dieu le plus largement associé aux rites d'immortalisation, bien connus d'Euripide. De nombreux vases à figure rouge de la fin du Ve siècle le montrent.

Les rites d'initiation ont été ou bien assimilés au sentiment religieux, et mis en avant, ou bien au contraire dévalorisés historiquement, parce que les vrais mystères appartiendraient à une autre spiritualité, incompatible avec le déchaînement des *Bacchantes*. En fait, les deux aspects coexistent dans le montage d'Euripide. Les historiens de la religion ont souvent considéré que le dieu a été rattaché secondairement, quoique anciennement, aux

17. Voir E. R. Dodds, Introduction, p. XL, n. 3, suivant T. Zielinski, « Antike Humanität », p. 646.
18. Voir plus haut le chapitre « L'initiation », p. 31-32.

rites initiatiques plus évolués de la cité grecque ; le culte orgiaque, propre au dieu, devait être intégré, mais il lui fallait s'adapter à des cérémonies civiques et publiques du culte, considérées comme plus décentes et plus acceptables.

La plupart des historiens des religions avaient pris, avant tout en Allemagne, la foi individuelle pour principe directeur de l'étude. Avec les ritualistes, les pratiques ont été insérées dans la sphère de la société et des mentalités collectives. La position particulière de l'œuvre littéraire n'est pas prise en considération. On concède que les auteurs ne sont pas directement tributaires des croyances. On devrait cependant insister sur l'indépendance relative de leurs points de vue, non sur leur dépendance : « ils n'étaient pas liés seulement à leur époque, mais aussi au genre littéraire dans la compétition », lit-on [19]. On fait jouer la dialectique d'une double détermination, variée par une liberté relative. C'est Dionysos et ce n'est pas lui.

Dans une lacune hypothétique après le vers 1329, l'ajout, aventureux et mécanique à la fois, du mot « rites » (*teletas*, selon le v. 22), tenté par un philologue dans l'argument antique de la pièce, la conjecture d'une intervention historique, limitée à la liturgie, semble prendre de la consistance : Dionysos était venu dans Les *Bacchantes* exiger l'introduction de rites initiatiques en son honneur [20]. La supposition repose au mieux sur une lecture du Prologue. La seule manière qui permette de restituer une situation historique serait d'ordre herméneutique ; elle oblige à suivre la logique de l'art qui s'appuie sur les circonstances connues, et les interprète pour les dépasser. Sinon, on construit une nécessité, qui bloque, à partir de croyances ou de structures mentales. Dionysos ne représente pas publiquement dans la pièce le programme de l'altérité. Elle est

19. A. Henrichs, *Die Götter Griechenlands*, p. 22.
20. Voir la note à notre traduction des *Bacchantes*, p. 93.

certainement ancrée profondément dans le dionysisme, mais l'idée n'apporte rien à la compréhension du Dionysos d'Euripide. Elle apparaît presque secondairement, dans le style du dieu et dans la mise en acte, aussi libre qu'insolente, de son pouvoir.

La raison politique

La thèse que propose Jean-Pierre Vernant [21] est de nature politique. Le point de départ est fourni par une crise de la cité, menacée par un manque d'ouverture dans les pratiques religieuses ou civiques. Un programme politique préside abstraitement à la réalisation d'un plan. Le poète parle ès qualités à son public, comme un tribun au nom d'une autorité. Il l'instruit. Dionysos maîtrise le maniement de la dialectique des contraires. Ses ressources intellectuelles sont richement déployées en faveur d'un meilleur équilibre des forces. Il représente le principe même de l'altérité. Le mythe de la naissance et de la non-reconnaissance par les Thébains est donc interprété comme un élément de la crise politique. Ce n'est plus l'effet particulier d'une nouvelle puissance qui est mis en évidence. La tragédie a été conçue pour réparer l'oubli de l'altérité et pour proposer un complément de la croyance. La présence si singulière de Dionysos, qui commande l'intrigue, est soumise à l'action civique. Si Penthée est sacrifié, ce sera au bénéfice d'une ouverture. Le sacrifice a cette signification politique. La cité, monolithique et figée, est en faute, autant que le roi. Euripide à ce compte met ses ressources dans la balance, il admet le tribut du sang versé. La cruauté a ses raisons. Il faut un bouc émissaire (ce n'est pas celui de René Girard [22]), qui délivre. Penthée tient ce rôle.

21. *Mythe et tragédie deux*, 1986, p. 237-270.
22. Annonçant la délivrance par le sacrifice du Christ, *Celui par qui le scandale...*, p. 71.

La venue de Dionysos [23] répare le lien dégradé entre la vie de la cité et le monde des dieux. L'idée d'une sanctification vient en réalité des mystères. Il est indéniable qu'il en est fait un usage central dans la pièce, mais elle ne donne son sens ni au jeu ni à l'intrigue ; il ne faut pas lui prêter une valeur symbolique qui ne lui revient pas. Euripide ne réagit pas à une crise de l'institution religieuse dans la cité. La religion, la mystique sont la matière du script, son objet, à savoir un objet qui stimule la création théâtrale.

L'interprétation, comme toute autre, implique une théologie. La cité défend sa religion, et le poète en ferait autant. C'est que le culte met en jeu des intérêts divergents. Il fallait présenter à neuf aux spectateurs ce qu'était ce dieu ; il importait de révéler son identité véritable, en fonction d'un besoin extérieur à l'art. On revient ainsi en arrière, à l'histoire de son installation en Grèce, pour montrer sur scène comment il a pu s'y prendre lorsqu'il a imposé sa divinité singulière. L'issue tragique est prévisible. Il n'est pas besoin d'une motivation particulière, fournie par le culte ou par la vie de la cité, à côté du drame écrit, qui se suffit et qui fait sens. Le contenu se greffe sur toutes les croyances. Il ne porte pas moins une date, à savoir celle de sa composition – de sa réalisation et non de sa motivation – et ne reflète pas moins bien pour autant la société dans l'imprévu et la liberté de chaque réplique.

Prêtre itinérant, Dionysos serait chargé d'une mission divine : faire éclater une fermeture, conduire Thèbes à l'ouverture : « Après ces événements, Agavé s'exile, Cadmos également [...]. » C'est là le sens positif de la pièce. La cruauté de leur sort, et l'ouverture sur le néant, le nihilisme, pour faire court, ne sont pas pris en compte ; leur destin n'inspire à l'anthropologue aucune remarque particulière : ils payent. Cette fermeture, n'est-ce pas, dans sa représentation même, un fléau du XXe siècle,

23. Voir J.-P. Vernant, « Dionysos à Thèbes », p. 171-191, en particulier p. 182.

que n'a pas connu l'Antiquité ? Dans le texte, Agavé, écrasée et condamnée par Dionysos, ne sait où trouver un asile. Cadmos souhaite la mort, dont il a été privé, mais le dieu le destine contre son gré au nirvana futile des îles des Bienheureux. Le matérialisme historique a sa propre téléologie du divin, il accepte les croyances et la parodie de croyances. La tragédie est appelée à cerner l'étape d'une évolution historique, à savoir l'ébranlement d'un équilibre traditionnel. L'idée conduit à accentuer dans Les *Bacchantes* un parti pris identitaire ; elle masque la logique profonde du rejet, qui fait partie de Dionysos et exprime son essence. Dans l'utilisation de la dialectique du même et de l'autre, Thèbes s'est d'abord repliée sur elle-même. Arrive l'étranger, qui impose du dehors une loi supérieure. À la fin, le sang qui coule livre la cité et l'héritage de l'autochtonie à l'altérité. Le dieu triomphe pour le bien dans la logique encore d'un salut [24]. On reste sous le signe de la pédagogie et de la thérapie.

Pourtant la situation dramatique que crée la pièce est plus noire. La manifestation effrayante de la force donne à l'action du dieu un aspect hideux. Le vouloir pur de l'apparition miraculeuse ne ménage aucune issue ; il ne fait pas moins réfléchir, sans qu'il suppose d'autre fin que la terreur. On veut que le dieu soit appelé à faire triompher par l'altérité l'ordre et le bien ; ce principe lui permet de faire n'importe quoi, où que ce soit – et surtout ici de s'imposer et de révéler sa puissance unique. Le lieu de sa naissance ne fournit qu'un levier à l'expansion conquérante d'un non-lieu, en tant que tel. L'arrachement obéit aux règles de la dialectique inhérente à la nature du dieu homme. Le sens des éléments d'une matière mythique n'est pas sans poser des problèmes. La référence initiale du mythe de la naissance, accordée par Vernant à une situation contemporaine, amène à s'éloigner du sens.

24. L'ambivalence fondamentale mise en relief par W. F. Otto, dans le sillage de Nietzsche, continue à s'affirmer ; elle reste au service du salut.

Une cinquantaine d'années après Dodds, Richard Seaford en appelle directement à la raison politique. Le message que le poète se charge de communiquer fait quasiment des *Bacchantes* une pièce à thèse. La cité demande à être éclairée dans une situation de crise religieuse. Le conflit est de nature théologique. Seaford crée la situation que rencontre Euripide et la tire de l'intrigue, d'une fonction particulière du dieu, négligée dans le culte. Le poète est conscient des besoins de la cité. Euripide défend la maison royale et restaure, contre la *polis*, un espace domestique privé. Cette justification du bachisme ne conduit ni au texte ni à l'action dramatique. Penthée n'a aucune existence ni comme personnage ni comme victime. La tension affectant la psychologie collective impose ses droits. En même temps, le dieu ouvre l'espace extérieur contre la fermeture de la cité. Euripide met son art au service du dieu.

Seaford [25] est l'un des défenseurs les plus résolus de l'explication ritualiste de la tragédie (et d'Homère). Il construit une homologie entre un premier objet que sont les rites et, en second lieu, les productions artistiques ou littéraires ; cette globalisation le conduit à voir l'institution du théâtre s'acquitter d'une fonction pédagogique, dans le cadre des fêtes. On attend du poète qu'il éclaire et explicite les contradictions que doit surmonter la société où il vit. La demande implique une correspondance au premier degré entre la cité et les productions artistiques. La cité se reflète dans le cadre de l'organisation festive, elle-même aussi rituelle que les formes du culte reproduites dans les œuvres. C'est réduire, sinon supprimer, l'espace réservé à l'innovation. L'instance de la production étant ritualisée, le poète est nécessairement relégué. La société se retrouve en se dédoublant. Il est son représentant attitré, son porte-parole officialisé. La réjouissance collective occulte l'invention.

---

25. *Reciprocity and Ritual*, « Introduction », p. XIII. Le principe est formulé : « La littérature [...] comme le rite. ».

Le cadre de la fête remplit surtout cette fonction de médiation, aussi ouverte, expressive et intelligente que gratuite.

En fait, Seaford retient de la tradition mythique principalement deux éléments : le rite de passage, sous plusieurs de ses formes, dont le deuil et l'initiation à une vie nouvelle, et, d'autre part, l'antagonisme entre la collectivité au sens large et l'organisation familiale. Ces schémas généraux sont trop vagues ou trop vastes pour ne pas s'appliquer à presque toutes les histoires de la tradition sur lesquelles ont travaillé les poètes tragiques, et les autres. La question de la différence spécifique est, sinon évacuée, du moins mise au second rang.

L'ambiguïté que Seaford met en avant est « contrôlée » dans le cadre du culte de Dionysos, quand il s'agit de l'institution des concours dramatiques ; elle serait plus ouverte dans la tragédie [26]. La distinction ne semble pas pertinente, même si elle tient compte d'une certaine liberté critique de l'auteur de la tragédie et de l'instabilité du dieu qu'il représente. D'abord le concept d'ambiguïté n'est pas propre à servir de critère, à moins de le confondre arbitrairement avec l'opposition, qui se manifeste dans le conflit ou la transgression, et, pour l'instabilité du dieu, les *Bacchantes* ne sont pas nécessairement l'entéléchie du genre tragique comme tel, pour extraordinaire que soit toujours l'objectivation du jeu même ; elle n'a rien d'antique : la liberté est de tous les temps. Le retour de Dionysos n'est jamais qu'un sujet de tragédie, l'un parmi tant d'autres, chacun étant traité à sa manière. L'ambiguïté (si tant est que soit bien nommé un phénomène mouvant) n'y est ni plus ni moins marquée que dans *Hélène*, où l'on voit le double de la femme recherchée se dissiper dans les airs.

26. *Ibid.*, p. 365.

La raison mythique

Dodds s'appuie exclusivement sur les rites auxquels il pense qu'Euripide se réfère dans la pièce. Pour Marcel Detienne, ce sont plus spécialement les mythes qui tiennent la place de l'auteur, comme au-delà des mots. On pourrait dire : « Le mythe parle », *« der Mythos spricht »*, en variant Heidegger, pour qui c'est la langue qui parle. La logique de la structure mythique se maintient à travers les âges. Leurs éléments peuvent être isolés comme des fragments, séparés par unité. Dans le récit du premier messager, on détacherait ainsi le début, où l'on voit se construire un « paradis », sous le règne de l'Un, une représentation mythique, qui a pu être adaptée par les Orphiques ; la composition de l'ensemble n'est pas prise en considération ; le ménadisme déchaîné des femmes reproduirait, dans le même contexte, une séquence proprement dionysiaque [27]. Euripide se trouve ainsi avoir été contraint de se conformer à un stock de représentations collectives constituées, un *thesaurus* d'essence transhistorique. L'histoire est relue à partir d'une opposition strcturale et comprise comme une négation de la pratique du sacrifice [28]. Le point de vue de la reproduction stricte du mythe a été de nouveau âprement revendiqué par X. Riu : « Euripide porte sur scène un mythe, et non une œuvre littéraire [29]... » La festivité même est contraignante (la « performance » de Gregory Nagy). La différence particulière ne suscite pas l'intérêt ; le sens a déjà été établi.

Pour Dodds, la désarticulation du corps *(sparagmos)* des vaches, puis de Penthée, liée à la consommation cannibale de la chair crue *(omophagia)* est décrite « avec une délectation que le lecteur moderne a du mal à partager [30] ». Il ajoute pourtant qu'Euripide évitait de faire état de la dévoration :

---

27. Voir *Dionysos mis à mort*, p. 201.
28. R. Seaford, *Reciprocity and Ritual*, p. 298.
29. *Dionysism*, p. 100. Voir aussi p. 101, n. 36 : il n'invente rien et ne change rien.
30. Voir E. R. Dodds, Introduction, p. XIV s., et ci-dessus, p. 53.

« une description détaillée aurait été de trop même pour le public athénien » – sans doute, mais plus pour nous après Bataille ou le film de Claire Denis. L'anthropologie insiste sur la jonction, significative dans le culte, de la jubilation et de l'horreur. Euripide reproduit l'horreur, mais il n'est pas allé jusqu'au bout de l'exploration ethnologique. Pourtant il faut souligner que l'intention n'est pas dans le rite de la dévoration ; elle est dans le démembrement qui a une signification propre.

Insister sur l'appropriation des forces de la bête, et du dieu à travers elle, c'est négliger d'autres documents où c'est le jeune dieu qui est coupé en morceaux [31]. L'écartèlement des vaches, dans le récit du premier messager, préfigure la déchirure de la proie humaine quand les membres sont disséminés dans la forêt. Une deuxième mort, plus totale, s'ajoute à la première, irréparable, empêchant le rite du deuil. Cadmos s'efforcera de recomposer le corps en entier. Que les *Bacchantes* restent une pièce maîtresse, et une partie intégrante de la liturgie dionysiaque, est certain ; le drame se laisse guider par le rite ; mais l'extension de l'interprétation ritualiste ne permet d'accéder ni au sens, ni à l'intention et à l'effet produit.

Detienne relègue les préjugés moraux de l'humanisme. Il passe à un autre registre, si l'on veut, et à une réalité ethnologique « brute ». L'appétit de la chair crue est de tous les temps et de toutes les civilisations. L'ethnologue s'affirme avec le comparatiste [32]. On objectera que des actes, qui peuvent être toujours vrais, ne dépendent pas moins de circonstances particulières, et que celles-ci donnent un sens à leur exécution ou à leur mention, même le cannibalisme. C'est la distance qu'introduit une mise en perspective. À ne pas la considérer, on risque de transférer une vision fausse dans l'œuvre. Les *Bacchantes* ont leur logique propre. Le

31. *Ibid.*, p. XV, n. 3.

32. Voir *Comparer l'incomparable* (p. 41-59) : « Il faut construire des comparables. »

démembrement n'est pas un témoignage brut et primaire, un document attestant la violence sanguinaire du ménadisme. Le développement dramatique demande à être situé ; on y rapportera la signification religieuse, en éludant le péril de l'immédiateté.

On ne trouve pas dans cette logique le paradis matinal, émanant du sommeil des femmes et irradié par des « miracles », cet « âge d'or » selon Pierre Vidal-Naquet (à qui se réfère Detienne), ni non plus dans la suite, par contraste, ce contrepoint mythique d'un appétit irrésistible de chair, subitement surgi. Il faut savoir qui sont ces femmes, ce qu'on leur fait faire, à quoi elles servent. Les détails qui se succèdent dans ce récit sont de mauvais aloi ; ils laissent présager l'issue tragique. Les instigatrices ont été élues par Dionysos ; elles ont surtout été inspirées par le dieu, en vue de l'effroyable autodestruction de la famille qui se prépare. Une tragédie progresse sur ce mode. Sans doute ne quitte-t-on pas Dionysos ni le dionysisme ni le mythe – mais quel est-il ? Comment le reconnaît-on ? L'action se déroule dans le cadre des pratiques de la religion dionysiaque, qui s'ouvre sans cesse à la transgression. La logique de la pièce se construit de façon indépendante, selon ses propres lois. Ce n'est pas la norme qui est montrée. Le délire est insensé par définition, ce qui ne l'empêche pas de se conformer à la fin fixée par l'histoire du dieu.

Le « métathéâtre »

Lorsqu'on s'arrête à l'idée, introduite il y a une vingtaine d'années, d'une composition « métathéâtrale [33] », éliminant l'auteur, Dionysos

33. Dans son livre sur Dionysos et la tragédie grecque, A. F. H. Bierl (p. 116-117) suit une définition de « métathéâtral », proposée par Ch. Segal, mais aussi H. P. Foley. Elle englobe tous les aspects de l'actualisation où le poète se réfère à la réalisation dramatique et où l'on peut juger que le théâtre s'adresse à lui-même. Il s'agirait

n'est pas le maître de l'intrigue ; il n'est ni le concepteur ni le réalisateur du plan, issu de la logique de la pièce. Euripide non plus n'est pas l'inventeur du personnage qu'il met en scène. Dionysos est en premier lieu le dieu du théâtre, il représente l'institution, chargé de la défendre à un moment où elle était en crise, tombée en désuétude ou politiquement mise en question. Ce n'est pas son propre rôle, celui de dieu singulier, qu'il joue [34]. Il anime primordialement la représentation, en même temps que séparément ; et cela, on a du mal à le concevoir. La tragédie elle-même est considérée simultanément comme une forme culturelle et comme un genre littéraire. Bierl parle alternativement de métatragédie et de métathéâtre. Il ne s'imagine pas que le dieu puisse être descendu sur la scène pour défendre comme d'une plate-forme sa fonction d'inspirateur, dont l'expression aurait été contestée. On le voyait plutôt réagir dans le cadre culturel (en fin de compte politique) et exprimer nouvellement la force du mythe ancien, contre la modernité de son temps, troublée par des idées subversives, et la mise en question des valeurs de la cité. Il jetait dans la balance une ambivalence essentielle et traditionnelle, et, avec elle, une logique circulaire. L'entreprise théâtrale devenait ainsi une restauration.

L'histoire intellectuelle du drame préexiste ; Euripide, en principal accusé, est censé réutiliser du tout-fait pour se contredire. La découverte du sens est ainsi deux fois bloquée, d'abord par la détermination sociale, et, ensuite, par le refus de considérer les ressources herméneutiques que fournit l'étude du texte. La défense d'un genre, supposé en péril (comme chez Jeanne Roux), implique l'acceptation incontrôlée d'un héritage

---

d'une intégration des conditions de la représentation, de la « performance » dans les festivités, et qui inclut la production musicale ou chorégraphique.

34. Ainsi dans *Antigone* (v. 1137-1152), N. Loraux identifie un « personnage de théâtre ; on dirait volontiers un type tragique » (*La voix endeuillée*, p. 136).

« mythique » ; le sens, qui, dans sa circularité, a été fixé par la tradition depuis toujours, se soustrait à l'innovation. Contre une projection schématique de cette espèce, il faut rappeler qu'au théâtre, dans la pièce, le dieu portant ce nom, ès qualités, avec son histoire et ses pleins pouvoirs, n'est pas plus théâtral qu'autre chose – qu'est-ce qui ne l'est pas ? – et à coup sûr autant que le reste.

V. Les dévotes

Que représente le Chœur ?

Le Chœur des *Bacchantes* fait peu de commentaires sur ce qui se passe sous ses yeux. Il suit seulement l'action en engageant ses émotions, sa passion même, aux côtés du dieu, plus proche, par cet engagement, du Chœur de la comédie. Pourtant ces dévotes d'un nouveau dieu n'ouvrent la bouche que pour défendre les maximes simples et communes qui sauvegardent la cité. À ce titre, le Chœur offre de la religion du dionysisme une image classique ; les valeurs morales les plus répandues sont reprises et intégrées, comme s'il s'agissait précisément de démontrer qu'elles ne sont pas remises en question.

Il n'y a pas de héros dans les *Bacchantes* dont le Chœur puisse suivre la chute pour tirer la leçon de ses malheurs [1]. Il regarde faire le dieu. Les parties lyriques sont détournées vers une signification nouvelle, elles ont perdu l'instance du jugement qui accompagne et qui évalue dans d'autres pièces, dans *Œdipe roi* ou dans *Antigone*, par exemple. Le Chœur est sur le même plan que les acteurs ; il ne décroche pas de l'action en cours. Le Coryphée intervient peu dans les épisodes. La substance gnomique, qui forme en général le fond choral, n'est

1. Voir ci-dessus le chapitre « L'initiation », p. 38.

pas supprimée, mais elle prend, dans sa platitude, une orientation sectaire. La cité n'a pas de lieu, pas d'autre en tout cas que l'investissement de la place par le dieu. La victime sera expulsée dans le néant : elle n'a pour la plaindre que ses proches ou elle-même. Elle est littéralement anéantie.

Dans Sophocle, on trouve un débat. L'héroïne s'oppose, dans *Antigone*, à une mesure officielle, qui est rationnelle en effet. Sa volonté de mort parviendra à entraîner Créon dans le malheur. Tous deux ils succombent. Quoi qu'on dise, le débat ou le conflit interne à la cité fait défaut dans les *Bacchantes* [2], on n'y lit rien qu'une histoire où une victime désignée se laisse fasciner par son adversaire. Le dieu s'en prend à la cité tout entière – qui n'en peut mais. Le roi en est le centre, le représentant. Il décide seul des coups à porter, tous inopérants. Ses proches l'ont quitté, tout son entourage, pour suivre Dionysos dans un culte dérisoire à ses yeux. Il y a un seul actant, Dionysos, et un seul patient, Penthée ; ils font la paire ; Penthée subit la gloire en négatif (v. 963, 972) – une passion dans le fond et la forme. Sa résistance est condamnée.

Selon l'interprétation ritualiste, qui, sur ce point, ne se distingue pas au fond de l'interprétation « religieuse » traditionnelle, les Ménades des bois ne doivent rien faire qui sorte d'un dionysisme pacifique, si bien que les lecteurs qui voient ce qu'elles sont, à savoir des monstres, lisent mal ; ils « surinterprètent ». Le dieu n'est pas le « héros » ; c'est le culte ou les valeurs sociales qu'il représente. Et pourtant si la pièce met en scène son triomphe, les exécutrices, servantes du dieu, ne sont pas moins féroces que lui [3].

2. Pour une opinion contraire, voir W. Schmid, ci-dessus, p. 45-46, et, d'autre part, J.-P. Vernant, p. 59-61.

3. La distinction entre les Bacchantes lydiennes du culte modéré et les Thébaines déchaînées a été bien établie par R. Schlesier, « Die Seele... », p. 63 s. Le point est important. La

La naissance de la musique

Dans le prélude (v. 64-71) de la Parodos, le chant d'entrée du Chœur, les femmes se présentent et localisent l'origine de leur discours. Elles viennent d'Asie, de la ville que protège le rempart du Tmôlos, arrosé d'eau [4] ; elles se proclament missionnaires zélées de la gloire du dieu, témoins de sa douceur, de sa « pureté » et de sa « sainteté », sans délire ni excès. Ainsi, la différence de la croyance nouvelle est à la fois affirmée et annulée. Pour elles, Dionysos a toujours été ; les autres croyances ont été intégrées dans sa présence exaltante ; il représente à leurs yeux l'unique et immémoriale religion de l'humanité. C'est ce rôle, celui de la dévotion absolue et inconditionnelle, qu'Euripide leur fait tenir au cours de la pièce.

L'hymne, qui remplit la Parodos, un « dithyrambe [5] » dionysiaque, a une composition raffinée, un « système » à cinq parties (après le prélude) : deux paires de strophes et d'antistrophes, suivies d'une épode. C'est le morceau lyrique essentiel, une ouverture, qui ne sera jamais dépassée, et qu'orne la reprise de formules consacrées. Trois fois (dans 1, 3, 5), la célébration centrale du culte est rappelée : les bandes de femmes (« thiases ») sont entraînées par le dieu dans les forêts. Les trois mouvements musicaux se relaient et se développent, avec leurs retours, et une amplification finale. L'initié franchit le seuil : il s'est décidé à suivre le dieu (strophe 1) ; puis viennent les femmes de Thèbes, non

---

référence me permet d'évoquer un échange intellectuel vif et fructueux pendant toute l'élaboration de ce livre (et qui se poursuit).

4. Le Tmôlos est un massif montagneux au pied duquel fut construite la ville de Sardes. Dans la pièce, c'est une montagne sacrée. Le Pactole, qui charriait des paillettes d'or, y prend sa source (voir le vers 154). Wilamowitz prend le renseignement fourni par Dionysos, qui se dit natif de Sardes (v. 464), au pied de la lettre (*Glaube der Hellenen* II, 61).

5. B. Zimmermann, *Dithyrambus*, p. 47-48.

telles que le dieu dans la pièce va les frapper, mais telles que le Chœur des Lydiennes voudrait qu'elles fussent (strophe 2). À la fin, le dieu en personne, le Bacchant, fait son apparition, surgi de l'exaltation du chant. Il ramène un âge d'or, qui est à présent rattaché à son culte :

> *Comme la fumée d'un encens de Syrie,*
> *Le Bacchant, portant haut la flamme brûlante de la torche,*
> *Bondit de la férule,*
> *À la course et dans les danses* (v. 144-147).

La comparaison avec la fumée de l'encens et la connotation synesthésique font voir la nature merveilleuse de la flamme. Elle monte, rectiligne et filiforme, produite magiquement par le dieu. Il tire de sa férule (« narthex ») un flamboiement qui jaillit droit. Le lait, le vin et le miel se mêlent à la chair crue de l'animal dans le désir des Bacchantes, transportées par les sortilèges et les parfums envoûtants de l'Asie. Le crescendo est travaillé (de 1 à 3, puis de 3 à 5). Restent les deux foyers intermédiaires qui régissent le développement, enserrés entre ces trois mouvements : la naissance du dieu dans la première antistrophe (2, entre 1 et 3), et l'apparition de la musique dans la deuxième (4, entre 3 et 5), au moment de la venue au monde de Zeus, le père.

Avec la naissance clandestine de Dionysos (2), une organisation du monde se dessine à partir d'une nouvelle généalogie divine. L'ogre Cronos dévorait ses enfants. Son fils, Zeus, lui a échappé. Au moment de sa naissance en effet, sa mère, Rhéa, la femme de Cronos, que l'on peut associer à Cybèle, la Grande Mère phrygienne d'Asie, nommée dans la strophe 1, devait cacher la naissance de son enfant et étouffer ses cris. Dans la grotte du mont Ida en Crète, elle était secondée par des créatures terriennes, les Courètes et les Corybantes. C'est là l'origine du bruit sourd et des grondements de tambours. Ils résonnent dans le nom du fils, « Bromios », le Rugissant. Dans ce nom qu'ils partagent, le tonnerre de Zeus, l'arme redoutable du père, soutient l'exaltation du fils.

Les serviteurs de la Grande Mère y ont mêlé au bruit sourd les sons stridents et aigus de la flûte, venue d'Asie comme Cybèle, la Grande Mère. De là, cette musique, par l'entremise de Rhéa, la mère de Zeus (et non d'Héra, l'épouse), a été reprise par les Satyres. La stridence des flûtes accompagne le grondement dans les cortèges d'un dieu sylvestre. Pour les femmes du Chœur, la musique et la poésie donnent une naissance symbolique au dieu ; elles l'associent à la première, et s'y appuient dans le chant pour l'y rencontrer et s'assurer de sa présence.

Lydiennes et Cadméennes

Initiées, non initiées. On peut distinguer par leurs lieux d'origine les Lydiennes et les Thébaines dans les bois du Cithéron, et reconnaître ce qu'ont les unes et que les autres n'ont pas. Il est vrai que les unes sont d'ailleurs, du cercle mitoyen, croyantes et missionnaires, et qu'elles annoncent l'évangile de la religion nouvelle, tandis que les autres sont entraînées, et contraintes à un délire débridé. Le dédoublement divin affecte tous les éléments de la tragédie. Mais peut-on vraiment différencier ces deux bandes, inspirées par le dieu ? On ne peut pas lui imposer de suivre un usage. Il le suit, ou ne le suit plus ; il est le grand perturbateur, qui lance les personnages aussi bien pour lui que contre lui. L'invention du poète rejoint celle du dieu ; elle l'a pour objet. Il ne parle pas seulement en accord avec les femmes du Chœur, il inspire Cadmos, Tirésias et Penthée aussi bien. Les bons et les mauvais points qu'il distribue reflètent sa façon d'être, et ils ont d'abord été configurés par lui. Ce n'est pas du « métathéâtre », ou alors celui-ci serait comme le sujet de la pièce[6].

Le Chœur n'est pas étranger au dieu, ni même séparé de lui ; il est l'une de ses émanations. Aussi suit-il fidèlement le maître dans ses

6. Voir ci-dessus, p. 66-68.

avatars, dans la douceur et la paix de la fête, et dans la violence de l'affrontement et la terreur qu'il exerce. Le duo auquel on assiste au moment de l'incendie hallucinatoire (v. 576-615) montre la réalité d'une collaboration entre le dieu et ses Bacchantes. La virtualité d'une communication est constamment présente, mais l'union ne s'effectue qu'à de certains moments. La situation des femmes initiées est aussi celle du serviteur, le double du dieu. Elles sont comme lui une apparence qu'il lui arrive de prendre, et une présence alternative du trouble qui l'accompagne.

Un projet social et apolitique

Le Premier Stasimon (le premier chant du Chœur après la Parodos, qui accompagne son entrée sur scène, v. 370-431) est fortement intégré dans l'action dramatique. Penthée est l'agresseur ; il s'est prononcé dans le Premier Épisode contre le dieu ; les femmes défendent leur Bakkhos. Le plaidoyer tourne en réquisitoire. Elles invoquent le principe même de la loi religieuse, Dionysos, à leurs yeux, l'incarnant plus que d'autres. C'est devant leur tribunal, siégeant à Thèbes, que les titres du Grand Banni sont exaltés ; il est l'unique, n'étant assimilé en aucune façon aux Olympiens, comme dans l'homélie du prêtre (v. 266-327). Les femmes fondent sa supériorité sur les joies de l'existence qu'il procure aux dieux et aux hommes : le plaisir pour les uns, l'allègement des peines pour les autres. Ses vertus le définissent, bien entendu ; en même temps, il est aussi quelque chose de plus : le vin, le plaisir, l'extase, la joie (strophe 1).

Dans le Deuxième Stasimon (v. 520-575), les Lydiennes implorent le dieu d'apparaître et de les sauver. Il est ici et ailleurs. Les éléments appuient leur invocation sacramentelle. Le dieu porte le feu en lui ; il recherche partout la fraîcheur et l'humide. Les femmes se tournent vers l'eau pour le trouver. Zeus l'y a trempé à sa naissance, en l'arrachant au feu, et il a sanctifié la ville. Leur appel s'adresse en premier à la rivière nourrissant Thèbes. Elles occupent la place interdite et consacrée, avant que le dieu des eaux n'y soit ramené (strophe).

Pour ces partisanes fanatiques, l'adversaire sera forcément un monstre. Sorti des entrailles de la terre, il escalade le ciel des dieux. Il incarne une violence chthonienne. Dionysos se trouve du coup associé aux dieux de l'Olympe. C'est une « théomachie » – une guerre entre dieux et puissances rivales ; le dieu lève son bâton, le thyrse, et en fait le sceptre royal de Zeus, pour terrasser le monstre. L'animal est horrifié, comme sidéré ; il rencontrera son contraire exact [7], un monstre de douceur plus terrible que lui (antistrophe).

On suit avec le dieu le réseau des cours d'eau dans une topographie de conquête de la Grèce. Le voyage conduira aux vertes vallées de Piérie, en Thessalie, près de l'Olympe, où résonnent les chants que les Muses ont chantés devant Zeus. Orphée, le chantre, dans leur descendance, y a rassemblé et amadoué les fauves. La généalogie musicale, à la fin du Stasimon, remonte à nouveau jusqu'à Zeus, le père, comme dans la Parodos, et elle se concentre dans les troupes bruyantes du dieu homme, sommé d'apparaître au bord des rivières (épode).

Avant même les Stasimons 3 et 4, les *Bacchantes* situent l'action particulière du dieu dans le cadre d'une réflexion morale traditionnelle : elles comparent la folie et la sagesse. Le nouveau culte revêt sa signification dans cet ordre. Le regard du dieu change la donne et remet l'ambition humaine en question, installant une nouvelle définition du rapport entre l'homme et le dieu. Bien que différent, Dionysos est reconnu par ses pairs, et il est autorisé à s'humaniser et à diviniser l'existence humaine ; il impose en contrepartie une ascèse, fondée sur la simplicité de la vie et sur le renoncement. L'humilité est recherchée en vue d'une plénitude religieuse (antistrophe 1).

---

7. Voir le vers 861.

Dans leur rôle de femmes, les Lydiennes élargissent le cercle du bonheur ; elles connaissent l'affinité essentielle de l'irénisme propagé par le dieu avec l'amour et la musique, qui font la joie de l'existence. Elles recherchent Aphrodite et ses îles : Chypre aux limites de l'Orient, avec Paphos, alimentée miraculeusement par les eaux du Nil (ce sont les eaux du dieu de l'humide, qui seront chantées dans le deuxième stasimon). Elles se plaisent en Piérie, le pays des Muses, résonnant en écho aux instruments de la Parodos, inventés dans les grottes de l'Ida de Crète. Ces régions classiques existaient de tout temps, mais elles ont été intégrées et transfigurées dans la fête bachique (strophe 2). Les femmes reviennent au dogme de la vie simple, au point culminant du stasimon (antistrophe 2). Le dieu donne la paix et il donne l'ivresse, le don et le contre-don par le renoncement aux honneurs et au pouvoir. Sur ce fond religieux, on entend la profération d'un projet social radical et égalitaire ; les différences du « soi » sont annulées. Pour les femmes, les discours politiques ne traduisent que fatuité et snobisme chez ceux qui les tiennent.

Dans Homère ou dans l'*Orestie* d'Eschyle, il n'y a pas tellement lieu de s'occuper de la nature divine. Dans les *Bacchantes*, le Chœur des Lydiennes en tient largement compte au contraire. Elles discutent et elles argumentent. Il vaut mieux, pour elles et pour le dieu si différent qu'elles défendent, considérer la réalité des règles établies depuis toujours et s'exprimer en termes sanctionnés et cultuels. Cela ne va pas de soi. Le parti pris les caractérise. On peut avec de bons arguments philosophiques contester l'existence des dieux. On peut, avec non moins de raison, soutenir que les croyances ont la force de l'institution politique pour elles – c'est le point de vue défendu par Hémon en faveur d'Antigone devant Créon dans l'*Antigone* de Sophocle. C'est comme si les croyances étaient les dieux en personne, aussi fortes, plus fortes peut-être.

L'insolence anti-intellectuelle des dévotes lydiennes distingue le culte dionysiaque dans sa version euripidéenne. Il se réclame de ce que nous appellerions une « religion », transcendant les valeurs établies et entraînant ses adeptes dans un mouvement de libération qui emporte les distinctions sociales. Dans ce cadre, le Chœur peut parler de la « science », et se séparer de tout savoir spécial, comme on le fait aujourd'hui dans certaines sectes. Les femmes affirment posséder un substitut, plus accessible et plus vrai ; leur religion se démarque d'autres initiations beaucoup plus exclusives, qui reposent sur des pratiques masculines ascétiques, souvent exigeantes et parfois lettrées. Leurs prétentions, socialement et culturellement déterminées, sont franchement populistes. C'est précisément ce militantisme féminin, fanatique et missionnaire, et ces transports exaltés que l'interprétation religieuse, dans les commentaires de la pièce, a transférés à la conscience d'un Euripide converti.

La profession de foi des Lydiennes comporte une idéologie :

Ce que croit la masse
La pratique des gens ordinaires,
Dans ce lieu, je voudrais l'accueillir (v. 430-432).

Elles n'ignorent pas que leur religion est autre, « nouvelle » ; elle est venue se surimposer à des pratiques qui se perdent dans la nuit des temps. Dionysos est nouveau par définition, il est éternel, moins dans la durée que dans la continuité des instants, qui se renouvellent ; l'instant est sa force. Inconscience ou stratégie politique, les femmes rattachent le dieu aux croyances de toujours, sachant qu'il a besoin d'être sans cesse installé dans le monde.

La dépense n'est pas grande
De croire que cela est fort,
Quel que puisse être le divin,

Et que ce qui avait cours dans la longue durée
A toujours existé par nature (v. 893-896).

En profondeur, le Chœur montre que les pouvoirs divins, les honneurs (« timai ») [8], avant d'être répartis et mis au service d'une cause, se sont imposés avec le même arbitraire, et que leurs fonctions restent soumises à une violence brute, non réglée encore. Pour nous, lecteurs (en 2005), la sagesse de Lydie implique un retour « mythique », c'est-à-dire non critique, à une origine. La tradition, renouvelée par le dieu, est justifiée par le culte que défendent les Bacchantes sur des bases plus libres ; mais elles ne mettent rien en question. Tout le travail critique, dépensé en Grèce depuis des siècles – jusqu'à la « philosophie », plus jeune d'âge –, peut être absorbé et reconduit dans l'univers de l'initiation religieuse. Le débat est très clairement désigné dans ces termes.

La sagesse du Chœur ne peut pas être rattachée directement à l'une des traditions hédonistes et « anacréontiques » de la réflexion morale. Elle se réfère à une intégration proprement religieuse, fraîchement accomplie, dans le cadre du conflit qui se développe dans la pièce. Les femmes s'accrochent à une piété naturelle, qui les met à l'abri de l'excès, d'abord du ménadisme pathologique, insufflé par Dionysos à des bourreaux de circonstance. Le dionysisme à haute dose secrète le délire qui tue. Les Lydiennes se gardent du dieu lui-même, quand il se livre à ses transports ; elles peuvent se dire qu'il a été offensé, lorsqu'il se révèle sous un visage de terreur à ses offenseurs. Elles désapprennent toute douceur pour le suivre. Euripide reproduit, comme ailleurs, des postures sociales, grotesques et réelles ; ici ce qu'on voit, c'est la dévotion naïve, se faisant brutale et agressive, s'il le faut. Le savoir du Chœur se veut antique et originel ; il n'a rien de proprement humain, étant entièrement

8. Voir Hésiode, *Théogonie*, v. 112, comme dans l'*Iliade*, XV, 187-193..

préoccupé par la reconnaissance du divin. Les dévotes se désolidarisent avec mépris de la longue tradition d'une pensée libre, trop humaine. Le dieu leur permet de s'élever au-dessus de la réflexion philosophique et, plus généralement, de l'intellect. Pour elles, c'est l'un ou l'autre, et donc l'un *contre* l'autre. L'élément satirique paraît ici indéniable. Les femmes prétendent ne détenir aucune vérité, si ce n'est la leur qui les embrasse toutes par définition :

> *C'est quoi la science ? [...]*
> *Heureux celui qui, arraché à la mer,*
> *Échappe à la tempête, il a touché le port.*
> *Heureux celui qui plane au-dessus*
> *Des peines [...].*
> *Gloire à celui qui vit*
> *Heureux dans ce jour* (v. 876, 902-905, 910-911).

La critique a-t-elle une place dans la tragédie ?

La tragédie est bien entendu un événement cultuel, une liturgie, qui a sa place dans la vie de la cité, mais l'objectivité de sa peinture reproduit les failles de la société. Le poète n'est chargé d'aucun message. La tragédie procède de l'épopée selon la *Poétique* d'Aristote (chap. 5). Le jugement s'applique plus particulièrement à Euripide ; il est un des auteurs qui en conserve le plus évidemment le style ; c'est la voix de l'objet qu'il fait parler. Les Bacchantes interrogent très librement le rôle, la fonction et le statut des instances religieuses. Tirésias, le prêtre, n'est pas Cadmos, pas Œdipe, pas Créon. Sa science est plus communicative que théologique. Les devins questionnent l'événement et les dieux ; ils font part, comme des familiers de la maison céleste, de leurs intentions et de leurs avis. Tirésias profère un discours de devin, une parodie oraculaire. Son personnage pourrait à la limite être joué comme un rôle de comédie. C'est vrai aussi pour le Tirésias d'*Antigone*.

Euripide n'a pas transformé la scène théâtrale en tribune politique ; il n'a pas écrit de pièces de combat. La critique des mœurs et des idées n'est pas moins criante pour autant par le biais du réalisme. Elle ne détermine pas directement l'invention du sujet, mais procède de la radicalité des positions que le sujet implique ou suscite et du langage qui les soutient et les creuse. La critique touche le fond : l'organisation sociale de la famille aussi bien que du pouvoir, les instances religieuses avec leurs discours.

L'idéologie que l'auteur prête aux Lydiennes est un trait de leur dévotion, et elle appartient au rôle de la piété qu'il leur est imparti de jouer. Les stéréotypes qu'elles énoncent accompagnent et combattent les mouvements d'émancipation religieuse contemporains. Dans les situations intolérables de la pièce, réalistes quoique enrobées d'irréel, les phrases banales deviennent révoltantes.

Le dionysisme : Troisième et Quatrième Stasimons

Le dionysisme étant intégré par les femmes dans la continuité transhistorique de la tradition religieuse, le dépassement qu'il représente peut être compris comme l'aboutissement d'une chose absolue. Le nouveau et le tard venu se réclament ainsi (nous dirions idéologiquement) d'un passé immémorial dont ils procèdent, afin d'être en mesure de se défendre contre toutes les mises en question. L'irrationnel triomphe, en même temps qu'une position franchement anti-intellectuelle, soutenue avec force. L'ordre social peut être récupéré de cette façon ; la nouvelle religion l'intègre ; elle l'englobe, grâce à une ouverture et à une universalité nouvelles – en s'adressant à titre égal aux petits et aux étrangers.

Une finalité, seconde et supérieure à la fois, un saut mystique, permet aux adeptes de préférer l'abandon et l'extase à tout ce qui pourrait jamais ressembler à la maîtrise d'un savoir. Les Bacchantes s'arment, contre la raison, d'un pari de la « raison ».

Le conflit se déploie en trois temps : la religion des ancêtres se prolonge dans une croyance révolutionnaire ; ensemble, elles s'élèvent contre une science humaine sans dieux. Penthée est alors bien plus que le tyran athée qu'on a fait de lui, champion de l'ordre établi, il est le négateur paradoxal des valeurs qu'il croit défendre. Son action s'empare de toute la critique jamais exprimée par les sophistes contre la religion. Dans la première strophe du Troisième Stasimon, Penthée est le chasseur qui poursuit les dévotes assoiffées de paix. Le chef de guerre, c'est lui. Aux yeux des Bacchantes, la guerre succombe avec lui, avec sa chute. Leur chant est triomphal.

Inversement, dans l'antistrophe, ce sont les dieux qui font la chasse à l'impie. Seulement leur action reste invisible ; elle se prépare et n'est pas encore apparue au jour. C'est une reprise du thème tragique, bien connu par l'*Orestie* d'Eschyle, du crime qui se retourne contre son auteur, et resurgit dans l'accomplissement d'une juste vengeance. Ici, il est transféré à une action globale des dieux, maintenant à la fin leur empire et visant par un « retour » les incroyants de l'histoire.

> *Elle a du mal à prendre son élan,*
> *La force des dieux, mais*
> *Elle est sûre. Elle remet droit, parmi les hommes,*
> *Ceux qui exaltent le mépris des lois*
> *Et avec leurs idées folles*
> *Ne renforcent pas la cause des dieux ;*
> *Les dieux cachent de mille manières*
> *La longue marche du temps [...]* (v. 881-889).

Le Chœur ne prend pas comme il le fait dans d'autres pièces de recul ; il n'assiste pas le héros malheureux par sa sympathie. Les Bacchantes n'éprouvent aucune compassion ; elles prennent parti pour le dieu, tels les supporters dans un match : « Qu'il [le dieu] aille jusqu'au bout et gagne. » Comme si Penthée avait la moindre chance de s'en sortir ! Les femmes sont déchaînées. L'autre est l'ennemi, l'intrus qui trouble la communion. Le sacré vit de l'intégration, et s'affirme dans l'exclusion. C'est bien de fanatisme qu'il s'agit. La haine anime le Chœur. L'ennemi ne peut être qu'animal ; il est la face monstrueuse de l'animalité, une créature non amadouée par le dieu cornu (strophe 1).

Il n'est pas né d'un sang de femme,
Mais d'une lionne ou des Gorgones de Libye (v. 978-980).

Dans l'épode, Dionysos est appelé à revêtir sa figure bestiale et polymorphe. Il lui faut ses cornes et ses anneaux pour abattre le monstre.

Montre-toi taureau ou serpent
À plusieurs têtes,
Ou lion flamboyant à voir !

La bande des femmes affronte le péril, comme si elle était elle-même la cité de Thèbes, et que la cité fût assaillie. L'exclusivité religieuse se substitue à l'autorité royale. Il n'y a pas de partage possible. Le roi abuse d'un pouvoir, qui repose sur la force guerrière ; il sera brisé par sa folie. La différence des pouvoirs éclate quand Penthée est poussé à épier les femmes de son clan. L'action, qui cherche à démasquer une prétendue perversion, est sacrilège. Le culte des Thébaines, pour dévoyé qu'il soit, est consacré par le fils thébain de Zeus, et par Sémélé, sa mère thébaine. L'orgie des fantasmes de Penthée est bien célébrée par ses parentes que Dionysos a conduites dans les bois. Comme telle, elle ne devrait pas être considérée comme pervertie, quelle que soit l'origine de la rage inspirée par le dieu.

Dionysos livre le roi à des femmes, dont il a fait des Bacchantes effrénées, des adeptes incontrôlées. Penthée ne reconnaît pas dans le ménadisme la loi morale, puisqu'il pense l'incarner. Il ne peut pas voir qu'elle a été transférée dans un autre domaine que le sien. Le délire l'habite lui aussi ; il se tourne contre un délire sanctionné. Le dieu l'emporte en jouant de l'un et de l'autre, livrant l'un à l'autre ; il est invincible (v. 1002), il se met au-dessus de toutes les valeurs guerrières.

Les femmes de Lydie réagissent à la situation en définissant la « règle de mesure ». La mortalité humaine, disent-elles, ne fournit pas d'arguments pour combattre les immortels ; la vie peut être vécue dans l'ombre de la mort (v. 1003-1004). C'est pour elles le sommet de la sagesse. Elles n'ignorent pas l'existence de la réflexion, ni son poids, mais elles ont fait leur choix, et contre elle. La croyance conduit plus loin. Leur pratique les transporte jusqu'à l'extase ; mais elles savent y intégrer la loi morale sans y voir aucune contradiction.

Les couleurs et les tons du Chœur procèdent encore de l'inspiration directe de Dionysos. Leur maître et inspirateur est tantôt fervent, tantôt astucieux et pénétrant, tantôt plus pondéré, comme il se trouve. Il varie à dessein son langage, comme il le fait dans ce Quatrième Stasimon ; il est l'excès et la mesure, la mesure dans l'excès. Aussi la sagesse traditionnelle, recueillie au cours des siècles, peut-elle être reformulée comme inopinément, presque dans le vide. Elle apparaîtra d'autant mieux, sous cet aspect-là, parmi d'autres possibles, circonscrite et réintégrée, livrée dans une sphère nouvelle.

La triste gloire de Dionysos

Le dernier chant des femmes est jubilatoire. Il clôt, avant l'Exodos, l'action tragique. Après, au-delà de ce seuil, marqué par la victoire sanglante du dieu, suivront le faux triomphe et le deuil lucide, les châtiments baroques et embarrassés. S'il faut que le monde continue, l'histoire doit trouver une fin, serait-elle grotesque. On montrera qu'on improvise pour la forme, pour le sens, pour le spectacle ; les conséquences du meurtre n'ont aucune réalité.

Fabula acta est. Le Chœur commente en ce point de l'action, selon l'usage. Il y a bien eu sacrilège, il y a eu transgression. La contrefaçon de la robe et du bâton n'est-elle pas la pire de toutes les offenses ? La justification formelle s'introduit de façon inédite : Penthée s'est retrouvé devant la bête dans le palais, et les femmes, les autres, les Thébaines, envoyées dans la forêt, ont porté le dieu au pinacle dans un acte symbolique de mise à mort. Thèbes s'est fait justice. Les Ménades ont réuni la vie et la mort dans la vérité de ce dieu dont elles ne voulaient pas. Le démembrement de la victime à la fin dans les mains de la mère répond à la grossesse divine au début ; elle est remontée à l'envers. C'est un dernier mot, une ultime réplique au défi touchant la naissance du dieu lui-même.

La glorification de l'acte pourrait choquer. Elle a choqué, en effet. C'est une sombre histoire, qui heurte la conscience – du roman noir sur fond divin. La violence règne seule ; le triomphe sonne mal. Les personnages jouent leur rôle, l'un plus affreux que l'autre.

VI. Le théâtre

Le tragique des *Bacchantes*

Le tragique n'est pas un concept, ni une catégorie intemporelle et figée. Il se diversifie et se particularise dans chaque tragédie. Si l'action de Dionysos est terrible, c'est qu'à la différence des autres dieux, il est impliqué et compromis dans des rivalités d'hommes, puis y intervient en dieu avec des pouvoirs surhumains. Sa dualité constitutive s'exprime tragiquement : il est tout-puissant et contesté, et conduit donc à défendre dans la cruauté extrême sa toute-puissance. L'issue est tragique, forcément. Lui-même, à la fin, présente le massacre de sa famille humaine comme une fatalité insensée, à l'image de toutes les fatalités. Il n'était pas libre de ne pas être ce qu'il est. La voie de son extériorité lui est imposée.

On voit l'intérêt de mettre au centre, non la transgression d'une règle, mais la revendication d'une reconnaissance toujours à nouveau déniée. Elle permet de lier la structure théâtrale à la nature du dieu, et de lever l'aporie sur laquelle on bute. Penthée rejette un culte qui a déjà été rejeté bien avant lui, il ne fait que défendre une tradition [1], où le

1. F. Blaise (« L'expérience délirante », p. 9), se situe dans la perspective d'une culpabilité civique, justifiant le châtiment. Elle invoque comme faute la non-reconnaissance du dieu, persistant jusque dans le présent de la pièce. La sanction tardive des dieux fait que la réalisation reste incertaine, si bien que dans l'actualité le châtiment viendrait

rejet survit à l'interdit ; il succombe à un aveuglement, que l'on peut comprendre, s'il est partagé. L'excès qu'il redoute, et souhaite à la fois, l'empêche de reconnaître le bien. Tout est plus clair si le drame se développe autour de cette impossible reconnaissance. Ce n'est pas dans l'ambivalence, produite par sa nature trouble, que Dionysos demande qu'on l'honore, mais dans son pouvoir différent et scandaleux de dieu contesté. Les *Bacchantes* sont une tragédie plus tragique qu'une autre parce que le dieu y souffre d'être traité en homme ; la calomnie l'assaille ; il est obligé d'agir comme il le fait. On lit dans la dernière phrase du premier des « arguments » antiques de la pièce [2] : « Dionysos transmit un message universel, mais il précisa à la fin de la pièce pour chacun des personnages ce qui lui arriverait concrètement ; il ne voulait pas qu'ailleurs on le traitât comme un homme avec des discours méprisants. »

Dionysos fait de Penthée un « théomaque », défiant les dieux, comme pour obtenir l'empire du monde. Ce n'est pas une indication objective renvoyant à un modèle précis. Le mot [3] ne renvoie pas à la guerre des Géants ou des Titans, pas plus que les femmes du Chœur, en rappelant l'origine des Thébains, les dents du dragon « semées », les Spartes, sortis de la terre, n'évoquent un quelconque affrontement légendaire. Les allusions sont ironiques ; elles se comprennent bien mieux dans le cadre

---

révéler l'erreur fatale des filles de Cadmos, aussi bien que de Penthée. Mais le cas n'est pas comparable. Quant au dieu, il se dérobe ; il demande mollement à se faire reconnaître. Il ne faut pas qu'il soit reconnu à moitié. Cela irait contre son intention, qui est de détruire, et contre l'intrigue. La faute ne se trouvera pas dans le déroulement de la pièce. L'épiphanie n'est pas méconnue, même par Penthée ; elle s'accomplit de toute façon, et culmine dans la mise à mort du roi.

2. Les arguments sont des résumés qui émanent de la critique alexandrine, et précèdent le texte dans les manuscrits.

3. Voir le rapprochement avec la Titanomachie dans la *Théogonie* d'Hésiode que fait F. Blaise (*loc. cit.*).

de l'intrigue burlesque que dans un cadre théogonique. Le dieu dompteur s'amuse ; il provoque Penthée et le laisse librement s'emporter contre lui. Il le maîtrise mieux ainsi, en émoussant ses armes, l'une après l'autre. C'est une théomachie de cirque, et de circonstance comme dans les parodies spectaculaires qu'orchestre Euripide. Il procède ainsi dans la cérémonie d'invocation devant la sainte Théonoé, dans *Hélène* ; ce sont de grands jeux, comme les aime généralement le théâtre. Le grandiose est là, avec sa dose d'artifice et de grotesque, et le sadisme qu'il faut, aux dépens de la victime dont on doit faire rire. Dans les *Bacchantes*, la victime est initiée en grande pompe ; l'ivresse la conduit à sa perte. À la fin, elle est achevée comme une bête.

La violence est l'ordinaire ; elle est arbitraire ; les spectateurs la reconnaissent. L'histoire, mise en scène, traduit cette expérience première ; sinon, rien ne serait vrai, vrai de la vérité d'une transcendance. Il ne faut pas que le lecteur oublie qu'il assiste à la représentation d'un « mystère », qui n'a pas été choisi en vue d'une initiation religieuse quelconque, mais pour mimer l'initiation, quelle qu'elle soit, et la religion même, au théâtre. Pour le montage de l'intrigue et l'aboutissement de l'action, les *Bacchantes* ne sont pas très différentes des autres pièces d'Euripide.

Les jeux du masque et de la contradiction

Dionysos est essentiellement le dieu des contraires. La polarité est devenue dans l'histoire de la critique son caractère le plus propre. Matérialisée dans les épisodes de la légende que retient la pièce, par une double naissance, elle se rencontre avec la dualité d'homme et de dieu qu'exploite l'art d'Euripide. Elle explique aussi l'identification parfaite du soi et de l'autre dans son personnage de comédien. On en a fait l'incorporation de la contradiction tragique ; il serait comme une abstraction, le représentant d'un contenu virtuel de cette pièce, sinon de toutes, avant leur développement particulier, incarnant la joie et l'horreur à la fois, un oxymore personnifié. Ce qu'on appelle « ambiguïté » chez ce dieu est un dépassement des différences, sexuelles, ethniques, religieuses. Il se retrouve dans sa nature divine, et excessive, et, au théâtre, dans les ressources multiples qu'offre au jeu le délire.

Le dieu s'est masqué pour agir ; il s'est mis au service de l'organisation cultuelle de la fête traditionnelle. On le prend pour un étranger, tout juste arrivé à Thèbes. Le garde, comme il le voulait, l'amène à Penthée ; il se laisse prendre et enchaîner (v. 434-450). Cet artifice initial lui permet de parler de lui comme s'il était un autre. Aux femmes transies, il aaparaît en dieu, mais c'est en homme qu'il revient leur raconter son évasion par la grâce du Bachique (v. 622-623). Le dédoublement ouvre un second plan dans le récit ; il « performe » devant ses auditrices éblouies des prouesses ; il se représente terrassant le monstre, ou tel Héraclès, écopant le déluge, brodant une fiction dans la fiction, un matadore qui triomphe dans la parole. Plus loin, il se charge ès qualités de Penthée, et le guide, sans sortir vraiment de son identité, vers le lieu de son supplice. Lui-même, il est présent à côté de son personnage ; il est seul à pouvoir se désigner du nom de Dionysos, comme dans le soliloque où il s'apostrophe :

> *L'homme va droit dans le filet !*
> *Dionysos ! À toi de jouer – car tu n'es pas loin !* (v. 848-849).

L'autre redevient « je », proprement le sujet.

Il parle en homme du dieu, ou directement en dieu. La donnée reste fondamentale tout au long de la pièce. L'homme serait-il plus dieu qu'un dieu ? La dualité a été parfois présentée en sens inverse : « il se comporte comme s'il était un dieu », ressemblant à l'une de leurs effigies [4]. Mais la

4. E. R. Dodds, Introduction, p. XLI.

différence est notable ; elle questionne une relation. Il n'est pas le « personnage surnaturel » que serait un autre dieu, apparaissant sous une forme inattendue. Il joue l'un et l'autre état alternativement et simultanément ; le dieu n'est pas là, il est présent, tout proche.

Le comique

Les *Bacchantes* ne sont pas une comédie, mais la place qu'occupe le comique est frappante ; elle est aussi grande que dans *Hélène*, au point que la question de la relation au genre comique contemporain d'Euripide, celui qui est représenté pour nous par Aristophane, se pose. Il importe de saisir et de définir la nature de sa transposition dans le cadre de la tragédie, déjà elle-même profondément transformée. Les deux aspects – l'orientation nouvelle du théâtre tragique et l'intégration des moyens fournis par le théâtre comique – se tiennent.

Les innovations formelles de la tragédie vers la fin du ve siècle sont mieux appréciées si l'on tient compte de la part qui revenait à la comédie dans les créations antérieures d'Eschyle ou de Sophocle. La scène dans les *Choéphores* où Clytemnestre a envoyé la nourrice quérir son mari se présente à l'esprit. Le familier est là par contraste ; le domestique face à l'héroïque et au despotique, s'ouvrant à une dimension différente, réaliste et surprenante dans sa simplicité. Mais l'appareil qui accompagne l'ostension du pouvoir n'est pas moins comique, la pompe où il se décompose et où il se creuse lui-même dans le grotesque. La grandeur se rend spectaculaire dans le vide, elle se met en évidence avant d'être engloutie.

L'apparition de Tirésias dans l'*Antigone* de Sophocle est grotesque dans la mesure où il exerce son art en pure perte. C'est de l'art pour l'art sur fond de néant. Tout est déjà réglé. Et Antigone, dans la scène précédente, marche vers la mort, accompagnée par les vieillards, sur un air de comédie, qu'accentue son allure d'héroïne et de tragédienne. Elle va à sa perte, pour rien, excitant le rire, sous le regard sadique de Créon, et l'ironie apitoyée du Chœur. La tragédie joue le tragique, et le révèle du même coup. Ce n'est pas du métathéâtre, mais quelque chose comme un jeu qui se voit jouer.

Avec le réalisme plus vif et plus nuancé d'Euripide, le merveilleux prend une place accrue, et l'invention pure avec lui. C'est comme si, dans *Hélène*, comme dans les *Bacchantes*, on faisait la fête sur fond de mort. Les Égyptiens sont condamnés comme l'est Penthée, le jeu peut se déployer dans les déguisements et les dédoublements : la fausse Hélène se dissipe, et le faux Dionysos ne se sépare pas du vrai. Le grand spectacle des retrouvailles enivrées de Ménélas et d'Hélène, le vrai mariage qui se refait sur un mariage fictif, correspond au grand spectacle de la fantasmagorie au milieu de la pièce des *Bacchantes*, où Dionysos fait montre de ses pouvoirs de prestidigitateur incomparable. Le spectacle s'installe et s'autonomise en pleine intrigue. Tout cérémoniel est en soi une performance théâtrale indépassable : dans *Hélène*, Théonoé orchestre en prêtresse sa trahison avec des gestes imposés et triomphants, comme la douceur de Dionysos guide cérémonieusement les pas de sa victime vers le sacrifice.

La fin tragique est fixée, la victime est désignée. Ne compte que la voie, ou la manière, le cheminement vers le terme, avec ses imprévus et ses impromptus, qui plaisent. La souffrance n'est pas au bout, elle fait partie du jeu même qui conduit au néant. Le plaisir et le rire sont intégrés à la souffrance.

Est-ce de la comédie ? Elle devient un élément du tragique. Elle est plus libre et plus spectaculaire, plus théâtrale. Avec Euripide, le théâtre tragique ne se passe plus de la liberté de l'invention et du rire, en fin de compte plus mordant. On aurait affaire à une convergence, où s'accomplissent la synthèse et le dépassement des catégories et des genres. Un langage différent, qui répondait plus parfaitement à une attente dans l'évolution de l'art, moins hiératique et plus satirique, s'était imposé. Aristophane a clairement exercé une influence, et aidé Euripide à élargir le cadre de la tragédie, moins sans doute en brisant les conventions du genre qu'en libérant à l'extrême ses ressources[5].

Dans le Prologue, le dieu commence par annoncer les cartes : il jouera sa métamorphose humaine :

> *[...] je suis arrivé à changer l'espèce humaine,*
> *Et j'ai travesti ma forme propre dans une nature d'homme* (v. 53-54).

Il est partout simultanément, changeant et insaisissable, agissant avec tous les moyens du dieu dans le personnage qu'il joue, se jouant lui-même avec ses facultés surhumaines, sous cet aspect-là, particulier et quelconque. Il reste le dieu souverain, conservant une identité aussi vaste et complexe que le monde. Le dédoublement, essentiel à sa divinité propre, rencontre dans la pièce la nature paradoxale du comédien.

La dualité est largement exprimée sur le mode comique, à l'aide des ressorts de la comédie. Ce n'est pas le *quiproquo*, qui fait prendre un personnage pour un autre. Le dédoublement est plus profond. Le personnage se présente comme faible ou subalterne, mais il est virtuellement, à chaque instant, l'autre, le plus fort, qui dispose de tous les moyens pour se dérober, fuir et l'emporter. Serviteur, il est au service de soi, à savoir de cet autre que lui-même il est, mais ne joue pas. La confusion des personnes n'est pas possible.

Dans l'interrogatoire que Penthée fait subir à Dionysos – au serviteur, délié de ses liens –, le moment crucial est atteint quand le roi veut savoir de qui l'étranger tient son art (v. 469-472). S'est-il laissé séduire dans l'ombre inquiétante de la nuit (v. 469) ? Il lui répond que la transmission du culte s'est faite ouvertement, les yeux dans les yeux. Il y a là dans ce face-à-face une parodie de la contemplation religieuse ou d'une identification. Le dieu s'est dédoublé en un sujet et en un objet.

5. L'influence est réciproque ; voir principalement les *Acharniens*, les *Thesmophories* et les *Grenouilles* d'Aristophane, et pour Euripide l'*Hélène* et les *Bacchantes*.

Il me voyait, je le voyais. Il me donne le culte (v. 470) [6].

Être deux, c'est bien la condition requise pour la transmission du rituel. L'initiation s'opère parfaitement, sans perte, de soi à soi. Le mot grec pour rite est *orgia*, qui a donné le français « orgie » ; le culte est hermétique, fermé sur son secret [7]. Penthée est intrigué, il doit l'être ; un désir le tenaille. Avec le mot, Dionysos lui tend un appât ; il l'attire et se dérobe. Il ne peut rien dire : dans l'ordre des choses religieuses, on ne divulgue jamais les arcanes. Déjà Penthée n'est plus le maître ; tant d'astuce le désarme. Ce valet a un maître ; il prend des libertés avec lui ; il exerce un pouvoir d'attraction supplémentaire, jouant à tour de rôle le valet-maître et le maître du valet (v. 490). Mais d'autre part il se défend et se garde (v. 496). En conclusion, la scission des identités sera préservée de la façon la plus nette (v. 498-502). Le « dieu » est là, aux côtés du serviteur (... *il est là, tout près*, v. 500). Penthée alors se ressaisit ; il l'entend, mais ne l'écoute pas. Il ne peut pas l'écouter ; il n'est pas encore prêt.

Le dédoublement fait l'objet d'un jeu étrange quand il est monté comme un interrogatoire, dans le récit que fait le « serviteur » du désarroi de Penthée dans le palais en flammes (v. 616-641). Le serviteur joue au délégué et fait le propagandiste, réussissant ainsi à déstabiliser le roi, qui n'a plus affaire à un ennemi, mais de plus en plus, à travers le prisonnier qui lui échappe, à un pur mystère. L'ambivalence multiplie les situations dramatiques. Entraînant Penthée dans le piège, avec l'appât des femmes dévergondées, Dionysos, bon prince, se met à son service. Valet de son propre gré, il sait diaboliquement se soumettre à un faux

6. Le sens second pointe sur l'identité de Dionysos, serviteur et maître, utile dans la composition dramatique (voir v. 500-502). J.-P. Vernant analyse un jeu de miroir ; voir sa traduction p. 249 : « je l'ai vu qui me voyait ».

7. H. Grégoire traduit par « mystère ». E. R. Dodds hésite : « rites » (selon sa thèse) ou « symbole ».

maître. Penthée se méfie ; il soupçonne un complot, et songe à des alliances entre Bacchants ; mais Dionysos corrige : « ensemble, oui – avec le dieu » (v. 808). De nouveau Penthée arrête la discussion, au profit d'une action qui l'entraîne. Dionysos oriente ses désirs. Ses pouvoirs sont connus ; on a assez dit qu'il a été initié par le dieu (v. 825). Le roi succombe à sa séduction.

C'est là, à ce tournant, avant le départ pour la montagne, dans le soliloque sur lequel se clôt le Troisième Épisode que le serviteur peut sortir de la fiction et laisser la place au grand maître : « à toi de jouer ». Il se désigne ; il ne s'est pas retiré aux extrémités du monde. L'exaltation des femmes dans la forêt l'attend, c'est son affaire (v. 848-849).

Le grand jeu de la terreur et de la cruauté

Le volet de l'épiphanie du dieu, au milieu de la pièce, est encastré, dans un triptyque, entre l'interrogatoire qu'il subit (v. 434-518) et la scène de la séduction qu'il exerce (v. 778-846). La présence du dieu s'affirme à grand bruit, pour ceux qui savent entendre et voir, dans un fracas de tonnerre et un déluge de feu.

Un premier mouvement associe les Bacchantes du Chœur à la manifestation du surnaturel dans un échange lyrique et liturgique[8]. L'union mystique s'accomplit par la transe des femmes. Dans les hallucinations d'un état second, elles voient le dieu faire des prouesses, et y participent ; elles se voient les faire avec lui.

8. Dans « le mélodrame » des v. 576-603, chant alterné entre Dionysos dans le palais et les choreutes dehors, la partie chorale des v. 585-593 était sans doute répartie entre deux demi-chœurs (voir la forme de dialogue qui s'établit entre les femmes : « adorez... adorons » au v. 590). Le Chœur se scinde en deux. Le paradigme note le passage à un ordre second, un son mystique.

Le modèle est emprunté aux rites célébrés dans des mystères (et pas seulement dionysiaques). Des initiés y répondent à l'officiant. On comprend, dans ce cadre, la répétition des appels lancés par le dieu. Il se fait connaître. La même répétition plus tard dans les bois signifie aux femmes que la mise à mort de Penthée les attend. En écho, l'invocation des femmes lui répond ici : dans un esprit de communion, les Lydiennes soutiennent le dieu ; elles rejoignent du dehors le maître qui, à l'intérieur du palais, se met lui-même à l'œuvre.

Une fois les conditions remplies, le dieu se conforme à l'image de « sorcier » que Penthée a tracée de lui (v. 234). La prestidigitation peut commencer. Le dieu fait être et fait disparaître. Dans une scène de comédie à grande échelle, Dionysos joue à cache-cache, il présente ses tours, comme un jongleur dans sa baraque. Les images fantasmagoriques se succèdent, la mise en scène peut hésiter entre l'évocation du mirage par la seule parole, comme cela devait se faire à Athènes, ou accompagner le discours par la vision de la catastrophe [9].

La liberté de l'invention culmine au moment où (v. 629) le serviteur, acteur et témoin de la scène, communique son « impression ». Le mot souligne la scission entre le soi et un hors-soi, dans la schizophrénie du spectacle. Il est répété un peu plus loin, au moment où l'on revient à la réalité (v. 638). Le témoin ne voit pas lui-même, par suite du dédoublement et de la dissociation des rôles, ce que le dieu, qu'il appelle ici le Bachique, produit dans l'imaginaire de Penthée. Le jeu se joue donc entre le dompteur et la vision dans la tête de l'ensorcelé. Le témoin raconte en tiers. Penthée ne parlera ni de l'incendie ni de l'écroulement (v. 642).

Le problème matériel de l'effondrement du palais a été évacué dans la lecture du texte de deux façons plutôt simplistes. Pour l'incendie, on

9. L'incertitude au sujet de la réalisation scénique, versée au crédit de l'ambiguité (voir S. Goldhill, *Reading Greek Tragedy*, p. 276-286 ; A. F. H. Bierl, *Dionysos*, p. 194 s.) pourrait à elle seule privilégier l'hallucination. Le contexte la suppose.

pouvait voir la flamme ravivée dans l'enceinte de Sémélé ; Penthée croyait que le palais était en feu à cause d'une lumière qui brillait dans la cour. Quant à l'effondrement, il avait bien eu lieu, mais sans laisser de traces visibles. On se disait que dans la suite les conventions théâtrales permettaient de ne pas en tenir compte. La question devait se poser pourtant, et elle appelle une réponse. On a le plus souvent opté pour une réalisation matérielle. Comme on ne pouvait pas se représenter que le palais se fût écroulé, on a envisagé un écroulement partiel et symbolique. Dans la suite, le décor reste en effet intact. Mais on peut penser aussi que les actes du dieu ne se situent pas dans le registre des événements réels ; ils ont la force d'exprimer sa puissance dans l'ordre second de la vision délirante. L'exaltation qui transporte les communiants se transmet aussi à Penthée, l'ennemi ou l'égaré. L'hallucination commence avec la fissure des colonnes (v. 591).

Le dieu s'adresse à l'une des multiples puissances qui peuplent ce monde (v. 585) : « Spasme » (ou « Secousse ») obéit au dieu, ébranle la scène et remplit son office. Les femmes aussitôt montrent ses effets dans leurs corps. Elles suivent les mouvements du dieu. La vision confirme effectivement leur union ; elles participent à l'action, éprouvent charnellement le dieu, et se jettent à terre dans le geste asiatique (« barbare ») de la prosternation rituelle.

L'« époptie », la vision béatifiante de l'initiation, reproduit trois stades cosmiques. D'abord l'atomisation triomphe de la solidité de la matière ; en second lieu le feu, par l'absorption des objets, s'affirme comme une force démiurgique primordiale ; enfin, au-delà de l'épiphanie proprement dite, surgit cette lumière mystique dans la cour (aux vers 608-609), qui nous rappelle, à nous spectateurs du XXIe siècle, d'autres symboles lumineux au théâtre, et signale comme le Graal l'aboutissement d'une quête spirituelle. Une initiation a eu lieu.

Suit le récit de l'évasion de la prison, qui se situe dans une sphère nouvelle (v. 616-641). Le dieu décrit le spectacle en témoin de sa propre action. Il a vu faire, il s'est vu faire, il a assisté aux effets produits et les raconte maintenant aux Bacchantes, ses amies. L'exploitation de la distinction entre l'homme et le dieu est magnifique. Dionysos parle ; mais le dieu dont il parle est l'autre. L'action est à présent centrée sur la victime comme dans une tauromachie. La bête est dirigée et traquée, avant d'être épuisée, puis abandonnée, à bout de forces. Une fois de plus, la scène se clôt sur elle-même.

Le serviteur se laisse lui-même entraîner dans la transe en la racontant. Penthée court, halluciné, d'une image à l'autre, guidé par des visions, comme celle du taureau, qui l'arrêtent, ou d'autres qui l'égarent, comme le feu insaisissable. Le monde lui échappe. Dionysos joue le thaumaturge. Un défi est lancé à l'ordre des choses. Dans l'extase, le monde fugace des fantasmes se substitue au réel, il se monte et se démonte.

Le stade démiurgique de la formation de la matière est rejoint à ce niveau pathologique de l'hypnose. Penthée au-dedans était entièrement livré au dieu, il était son jouet. Ensuite la frénésie est dépeinte par le serviteur au-dehors. L'initiation est totalement détournée ; elle est comme pervertie, au moment où la lumière surgit dans la cour, une lumière qui ressemble à l'illumination intense de l'union mystique, qui remplit les Bacchantes de joie, mais elle signale ici la présence terrifiante et moqueuse du dieu. Penthée se rue sur la « chose », pensant qu'il peut s'emparer d'un corps. Il est parvenu au degré suprême de son vertige. Après l'expérience du néant, il voit la maison se disloquer tout entière. Tout est ruines autour de lui. Illusion ou réalité ? Il l'oubliera. Les débris sont ceux d'un palais intérieur ou symbolique. Ils ont l'épaisseur d'une métaphore.

Le récit du désordre dans le palais n'est plus chanté ; mais il n'est pas vraiment parlé non plus. Les trimètres iambiques du dialogue ordinaire sont remplacés par un autre rythme : des tétramètres trochaïques ; ils traduisent une excitation accrue, détachant dans la composition dramatique la sphère de l'incroyable, l'expérience de l'irréel. Un seuil a été franchi. On retrouve le rythme normal avec l'arrivée de Penthée (v. 642). Avec lui, ça repart. Le récit des prodiges de Dionysos-dieu, que Dionysos-serviteur vient transmettre aux Bacchantes, reste réservé aux croyants. Ils étaient « entre eux ».

Le palais n'est pas incendié, et pourtant il brûle ; il tremble dans ses fondations, et pourtant il ne s'écroule pas véritablement [10]. Ce n'est pas que Penthée et d'autres soient victimes d'une défaillance de leurs sens. La magie de Dionysos souffle un vrai délire, producteur de fantasmes « réels ». Penthée court, il cherche à maîtriser l'incendie ; il demande qu'on lui apporte toute l'eau du fleuve Achelôos, évoqué dans le deuxième stasimon (v. 624-626). Le spectateur comprend, après le troisième chant, qu'il demande de l'aide à Dionysos lui-même, et celui-ci, devant lui, ravive la flamme. Penthée s'est mis en son pouvoir.

Quand le feu retombe, et que le grand chambardement a pris fin, Dionysos propose à Penthée, totalement déstabilisé, d'écouter ce que le messager est venu lui dire. On peut même penser qu'il a été chargé par le dieu de le lui transmettre (v. 658-659). Le dieu pourrait bien être derrière le messager, à l'origine de sa venue. N'est-ce pas lui qui arrange tout ? Puisqu'il est dieu ? La domination, quand elle est distribuée de la sorte, le pouvoir de l'un étant absolu, tourne nécessairement à la cruauté.

Dans chaque cas, dans le grand spectacle de la terreur dans le palais, et dans le sadisme enjoué des dialogues, il devient évident que la tragédie devait en arriver là. Le théâtre tragique, vers sa fin, portait à la mise en scène la plus fracassante, et la plus noire, l'ample fiction sur hauts cothurnes, la fantasmagorie de l'éclair et de la foudre. En même temps, il approfondissait la cruauté dans l'affrontement du dominant et du dominé. Le jeu de la domination, habituel dans les tragédies d'Euripide, fait appel dans les *Bacchantes*, comme par surenchère, à l'instance la plus haute, et quasi monothéiste, d'un dieu. Le fils de Zeus joue à chat et souris.

---

10. D'autres tragédies ont ce motif ; voir le *Prométhée* d'Eschyle ou l'*Héraclès* d'Euripide.

VII. L'après-coup

Le retour de la folle

On a vu partir Cadmos pour la montagne ; il était revenu dans la ville, puis retourné sur le Cithéron pour rechercher et rassembler les morceaux du corps de son petit-fils qu'il reconstitue pièce par pièce (v. 1218-1226). Agavé, quand elle a recouvré sa raison, se préoccupe de savoir si rien ne manque à l'intégrité du corps (v. 1298-1300). Dans la lacune du texte (après le vers 1300), elle procédait sans doute à une recomposition que les citations faites dans un centon byzantin, le *Christus patiens (Le Christ souffrant)* [1], aident à se représenter. Le deuil demandait de restituer à Penthée cette présence. Une oraison funèbre piteuse de Cadmos, le chef de famille, répond à un simulacre de rite. N'est-ce pas en fin de compte ce que les hommes, dans leur expérience de mortels, sont capables de faire : donner une forme au non-être ?

Pour les femmes de Lydie, les Bacchantes des bois sont des « Cadméennes » (v. 1165). La désignation, et l'indication de la descendance, évoquent le retour des choses, un schéma ancien de la tragédie. C'est la fin d'une terrible histoire de famille. Le dieu est rentré dans sa

1. Édité par J. G. Brambs ; trad. franç. par A. Tuilier (contre l'hypothèse d'une composition byzantine, il laisse le texte à Grégoire de Nazianze, IVe siècle).

tribu humaine ; il s'est servi des filles du roi ; il a châtié le renégat à la troisième génération. La Thèbes archaïque tombe ; son passé a fait long feu.

Les associations de femmes bachiques n'ont rien de commun entre elles, en dépit des apparences. Un nouveau duo, semblable à celui qui réunissait le dieu et ses suivantes, avant la fantasmagorie du palais, oppose Agavé aux étrangères de Lydie. Les tonalités sont différentes. Le Chœur semble accueillir Agavé dans la communion des dévotes, mais l'ironie est cinglante : « je vois, je t'accueillerai comme un membre de mon cortège » (v. 1172). D'abord elles s'enquièrent du butin qu'elle rapporte, végétal ou animal, puis du lieu de la chasse. Le fossé se creuse plus profondément. L'ivresse jubilatoire de la chasseresse se heurte à une question. Les Lydiennes la poussent à circonscrire cliniquement les conditions de son délire. Alors, d'elle-même, l'auteur du crime se désigne : oui, elle a porté le premier coup, elle est l'instigatrice. À ce point, l'incantation se retourne ; la dissociation éclate. La proie est bien une prise, et le chasseur est divin (v. 1192). Les filles célèbrent la chasse sanglante, avec une ironie qui, jouant sur le sens second des mots, est, à la lettre, « tragique ». Agavé a eu le grand bonheur – et l'immense malheur – de servir la victoire du dieu. Dans le crescendo, les chants se rejoignent, se recouvrent ; les triomphes se contrarient ; la joie se divise, dissociant les vraies Bacchantes des femmes éconduites par le dieu. Les chasseresses occupent la même place que la victime sur laquelle elles se sont acharnées. L'exécuteur du plan a relégué ses exécutrices dans son ombre. Aussi la bête traquée finit-elle par être désignée de son vrai nom. Le premier récit du messager a été relayé par le second.

La cure

Le drame se déchiffre, il s'éclaire au centre de son dénouement, qui se développe en cinq temps. La vérité est découverte par la Bacchante grâce à la lucidité de son père, qui la devance. D'abord Cadmos apporte les membres du corps de Penthée, puis il commente le désastre (v. 1216-1232 et 1244-1250). Il annule le triomphe qu'Agavé a célébré deux fois, devant la ville (v. 1202-1215), puis ingénument devant Cadmos (v. 1233-1242). Elle se vantera encore devant le roi qu'elle a tué. Elle le croit vivant, et elle apporte maintenant sa tête coupée, rendant au mort ce qui lui appartient. Le butin du dieu est offert à ce Penthée-là, ressuscité un moment dans le fantasme de sa mère (v. 1251-1258). Oui, Dionysos est un artiste hors pair. Le masque du délire est retiré ; il ne sert plus. La folie s'en va avec le dégrisement que Cadmos fait subir à sa fille, suivant les démarches d'une cure toute chamanique par des « leviers » culturels (le ciel) et la remémoration [2].

L'agitation que Cadmos fait disparaître dans l'âme d'Agavé (v. 1268) est celle du délire, implanté par le dieu ; il est difficile d'y voir une exaltation positive qui mettrait la mère de Penthée sur la voie d'une délivrance salutaire, refusée aux autres Thébaines. Ce délire-là est pathologique, même s'il se drape dans une expression bachique.

Les deux interventions de Cadmos se relaient et se heurtent. L'exultation est brisée ; elle se maintient un temps, et devient comme tangible dans le vide ; enfin elle se dissipe. La recherche du sens reste en suspens. Le dialogue s'ouvre deux fois. Il s'aiguise une première fois quand affleure le thème de l'excès dans le malheur, ce « trop fort » que Cadmos va lancer à la face de Dionysos ; il est conforme à la nature excessive du dieu. Cadmos lui fait remarquer tristement qu'il était « de la famille » (v. 1250) : sa proximité, ses liens, la famille, élue par Zeus, son père, cela même a exacerbé la violence de son intervention.

2. Voir G. Devereux, « The Psychotherapy », p. 35, n. 6. Au vers 1296, la scène de reconnaissance classique dans la tragédie, l'anagnôrisis, est appliquée à la vision épouvantable du visage de Penthée par Agavé. La mère « reconnaît » Dionysos dans ces traits dévastés (les traductions adoptent en général le sens de « comprendre »).

Tant que dure le délire, Agavé croit pouvoir parler à son Penthée de haut comme à un incroyant. Elle, l'adepte de la religion nouvelle, loue son propre égarement. N'est-elle pas une chasseresse plus experte, quand lui ne sait rien faire que combattre les dieux (v. 1255-1256) ? Dans la contrainte et dans l'erreur, elle est chargée par le dieu de faire la leçon au mort. Dans le vide, et pour que le rien soit encore plus rien.

Le final permet aux victimes de maîtriser l'événement et la tragédie. C'est la fonction de l'exodos, l'analyse qu'opèrent les actants, tandis que le sens de l'initiation théâtrale s'éclaire. Cette élucidation répond sans doute à un intérêt pour le sens chez les spectateurs. L'exemple de l'Exodos d'*Œdipe roi* le montre. Dans les *Bacchantes*, Cadmos et Agavé forment ensemble à la fin un couple, qui n'avait pas été réuni dans la pièce. Ils se trouvent, puis se séparent. Au moment où les liens se défont, de père en fils et en petit-fils, les malheurs se confondent dans le pathétique. Quant à Dionysos, il affirme, en façade du moins, sa solidarité avec Zeus, et s'abrite derrière lui. Son père est tout-puissant.

L'éloge funèbre

Une fois que la clarté s'est faite, l'espace aussi est comme purifié : il se vide pour laisser une place à la figure du mort. La parole lui fournit une dernière reconstitution. Il ne s'agit plus du rite funéraire où se recompose le corps, mais de celui où on fait revivre le mort dans la mémoire, l'homme que fut le roi défunt ; il n'y a plus d'ennemi ni de victime. La tragédie intègre et modifie la rhétorique d'apparat de la célébration funèbre annuelle, de l'épitaphe (le *logos épitaphios*). La terrible oraison, mise dans la bouche du vieillard à cet endroit, actualise la vie de Penthée. Le petit-fils apparaît paradoxalement à la bonté et à la sollicitude de l'aïeul comme une instance protectrice. Le médaillon qui orne la plainte compose une contre-figure, celle de la victime héroïque. Le conflit tragique est transfiguré, comme éternisé. Le lien entre les proches se perpétue comme sur les reliefs des stèles sculptées trouvées dans le cimetière du Kerameikos à Athènes. L'intervention de Dionysos, qui suit, ne pourra rien contre cette autre lumière, où s'éclaire, durant un instant, dans le néant, la simplicité d'une épiphanie humaine, plus touchante que la transcendance. On trouve, insérées ailleurs, dans d'autres pièces, des figurations de ce genre, des transcriptions empruntées aux arts plastiques, comme la statue de Polyxène érigée dans *Hécube* [3]. Penthée est l'objet central, depuis le début. La concentration se poursuit jusqu'au dégrisement de la fin. On tiendrait là cette horreur que ressent le spectateur, la fameuse « terreur » de la *Poétique* d'Aristote. La cruauté du spectacle la produit pour soi, sur le fond d'une observation absurde des rites et des mythes. Un sens se dégage du non-sens. La construction littéraire, artistique ou théâtrale (quel qu'en soit chaque fois le mode) conduit à un au-delà des contenus, pour crus qu'ils soient.

Le char de carnaval

Dionysos, quand il monte sur l'estrade et prend la parole pour conclure, parle d'ailleurs, de haut ou de loin, dans sa fonction de « dieu », porté par la machine, *deus ex machina* (avec ou sans la grue). La situation est cocasse dans une pièce où il figure en même temps comme le personnage principal. La discussion juridique et la révolte, qui s'amorcent, brisent le cadre du drame. Dionysos à la fin (v. 1340-1343) fait obstacle au débat. Il essaye de se disculper : non, ce n'est pas sa

3. Voir la scène de sa mort devant Ulysse et Hécube, sa mère ; *Hécube*, v. 218-443.

faute. Serait-ce celle de Zeus, son père ? Il aime à se référer à lui et tirer de lui sa légitimation, alors qu'il ne tient son extravagance que de lui-même ? Il est le fils, qui vient après, et qui est toujours déjà venu.

Son oracle fait défiler sous nos yeux la bande d'un film d'horreur. L'avenir aussi, ça s'invente. Le dieu décide. L'absurdité peut être dépeinte, follement. On pose un char au centre ; il est tiré par des bœufs à la place de coursiers – on avance dans l'invraisemblable ou dans la caricature. Dessus, on installe le couple fondateur de la dynastie thébaine. Cadmos était venu de Phénicie (encore l'Asie) et Harmonie, sa femme, est la fille du dieu de la guerre. Ils sont transformés tous deux en serpents. Drôle de guerre, drôles de conquêtes. Les armées sont sous les ordres d'un commandement animal en l'honneur du dieu porte-cornes.

L'expédition dans son ensemble se déchiffre comme une aventure fantasmatique. Elle rappelle sous cette forme carnavalesque le désir dérisoire du dieu de se faire passer pour un substitut universel du divin dans toute la Grèce, comme s'il existait seul. L'entreprise se décompose à mesure qu'elle se déploie, conduite par des bêtes. L'armée est formée de Grecs et de Barbares, qui d'ordinaire se déchirent. Le centre du pays, le sanctuaire d'Apollon Loxias à Delphes, le fameux « nombril de la Terre », symbole de l'ordre et de la distinction, n'est pas épargné. Il sera ravagé comme les autres régions. On s'imagine les corps ramenés en échange des guerriers partis. Le triomphe tourne en désastre. Seul le massacre s'étend.

Le couple sur le char est sauvé ; mais c'est pour être expédié dans les îles des Bienheureux. Ses liens avec Arès, le dieu de la guerre, qu'il doit à Harmonie, sa femme, valent à Cadmos d'être gratifié d'un paradis (selon les vers 1360-1362). Ce séjour de faveur est complètement abstrait. Cadmos n'en est pas heureux ; il proteste que cette distinction-là est pire que la mort : les actes horribles qu'il a vu s'accomplir ne méritent de survivre nulle part, dans aucune mémoire. Il vaudrait mieux qu'ils fussent effacés par le non-être plus humain d'une mort véritable. Paradoxe suprême, le vieux roi, le fondateur de la dynastie, se plaint d'être frustré de sa mort. Aux Enfers au moins il aurait rencontré d'autres fantômes et des ombres. Les îles sont plus grises que les fantômes.

La plainte du désespoir ne remplit pas le vide (v. 1352-1367). Le bref débat porte sur le sens de la farce – la fantasmagorie du rien. Le dieu, comme si tout cela n'était pas dérisoire, récuse les supplications. Pour rester dieu et inabordable, il rappelle l'offense (v. 1345), et quand Cadmos proteste contre l'excès, il insiste sur la nature divine du châtiment. L'offense était totale. Cadmos a l'impertinence de penser que la violence et l'insensibilité sont l'apanage des humains, non des dieux. L'argument sera central dans la philosophie d'Épicure. La double nature du dieu est encore mise en avant. N'est-il pas homme aussi ? On touche au fond du problème de Dionysos. Non reconnu, il est contraint de se défendre avec ses armes de dieu, et terriblement. L'indulgence lui est interdite en raison même de sa force et de sa dualité. Le fait de ce dépassement ne relève pas de lui, mais de son père. Il joue à l'enfant. « Zeus m'a accordé cela » (v. 1349), à savoir de ne pas être dieu seulement mais aussi homme. La maîtrise des différences le distingue ; il a une manière à lui d'être dieu. Cadmos s'était mépris, il ne le voyait pas double.

Les deux dragons

Les spectateurs savent que Cadmos était venu de Syrie, qu'il avait passé par Delphes et s'était rendu maître d'un dragon à l'endroit où devait être fondée la ville de Thèbes. Il y avait du dragon à Thèbes deux fois, par Cadmos et par sa femme, fille d'Arès. À Delphes, au centre de la Grèce, où Dionysos envoie ses adversaires subjugués, Apollon s'était installé lui aussi à la suite de sa victoire sur le monstre Pythô, qui gardait les lieux au pied du Parnasse. La bête a donné son nom à l'oracle. L'Apollon Pythique n'est peut-être pas proprement « l'ennemi », mais il est au moins une antithèse. Dionysos satisfait un intérêt personnel majeur en envoyant les animaux semer la zizanie dans ce centre de pureté et d'élévation. Le dieu, comme un seigneur, a son domaine à défendre.

L'animal est l'un des masques de Dionysos. Le dieu se cache, jouant de son humanité, à l'autre pôle du divin, du côté du monstrueux – du démoniaque ? – et de la bestialité. Il se fait bête, taureau de préférence. Il conduit les hommes vers la bête, attendrit leur férocité. C'est un autre niveau, théâtral encore, que la comédie bestiale, avec ses travestissements et ses métamorphoses, jusqu'au trophée léonin que porte Agavé à son retour, au sommet d'un bâton, et jusqu'aux serpents du char, stratèges d'une armée de cauchemar. L'animal, dans cet ordre des choses, parle vrai et directement. Il ne dit pas la fable. La folie trouve un langage, infiniment diversifié.

Le thériomorphe et surtout le thériocéphale a une place importante dans le culte ; mais on saisit une fois de plus le pastiche, par ce qu'il sait faire dire à l'animal : Penthée est dur, mais, par lui-même, il n'a rien de bestial ; pourtant il sera traité comme une bête, livré et reversé à la bestialité de ses aïeux. L'univers des monstres (égyptien) fournit les éléments du jeu, Dionysos s'assimilant aux bêtes. Le masque animal est plus divin qu'humain. Les cornes du taureau sont comme l'emblème d'un pouvoir primitif, tombé en désuétude dans les théogonies classiques. En effet l'organisation d'un panthéon rationnel est venu humaniser une domination antérieure, angoissante, absolue et imprévisible. Les dieux ont intégré, chacun à sa manière, l'héritage d'un empire vaincu.

On ne peut pas situer la nature particulière de Dionysos, tel qu'il est saisi par Euripide, sans voir que sa proximité avec le monde des animaux fait partie d'un dépassement, et que celui-ci n'est pas un retour en arrière, mais une inclusion et une extension. Ce n'est pas qu'il soit plus « étranger », incarnant le renversement d'un tabou, comme on le dit aussi au sujet de sa familiarité singulière avec les peuples non grecs : il touche plus de monde, n'étant ni grec ni barbare. Le divin doit se manifester en lui à un degré plus élevé et plus pur. La téléologie préside à l'union de Zeus avec la fille de Cadmos. L'action de Zeus émanait de lui-même. Elle transférait sa royauté sous un masque nouveau. Cette volonté, libre et personnelle, qui n'est soumise à aucun autre principe qu'elle-même, Zeus ne pouvait la partager avec sa femme, qui occupait une place au même titre que les autres dieux. Ce n'était pas là ce divin, recréé et conçu pour lui ; il devait se transmettre en ligne directe, bien que multiplement détournée, par le désir d'une femme humaine, par une plongée dans la mortalité, et par la puissance magique du feu ; les détours se cumulent pour fonder l'action des *Bacchantes*.

La transgression des limites fait de Dionysos le maître sans limites de toutes les métamorphoses. Il ne se sert pas seulement des travestissements de chair, comme le fait son père à volonté en vue d'arriver à ses fins. Dionysos incarne les ressources de la métamorphose ; il retrouve aussi bien la figure primordiale de la bête cornue que la drogue dans le végétal, et la boisson qui délivre les hommes : son essence par eux s'y fait chair. C'est le vin qu'il est en premier, comme si tout le reste était dans le jus de la vigne. Dans la pièce, il définit son art en présentant son apparence humaine comme une métamorphose (v. 54-55). Il n'est pas l'autre, il est tout ce qu'il veut être. L'autre, ce serait ce qu'on n'est pas, mais lui il est aussi ce qu'on est, à la différence des autres dieux.

Il n'y a pas lieu de définir Dionysos par l'altérité ; il suffit de reconnaître sa liberté, liée à une indistinction originelle, qui dans son cas n'est pas première, mais seconde. Zeus, avec ce fils, a créé un dépassement de la hiérarchie divine. La répartition des règnes est bouleversée. Ce n'est pas un « après », mais un « en plus ».

Les hommes sont là ; les dieux sont en charge, et ils défendent l'ordre du monde. L'exaltation, propre au divin, manque aux hommes ; elle demande un retour à l'ivresse de l'origine. Quand rien n'est fixé encore et que tout est possible, toute chose, quelle qu'elle soit, sera aussi son contraire. La liberté serait là. Sous cet angle, l'on peut dire que le dieu est le jour et la nuit, la vie et la mort, le grec et le non-grec ; il est aussi le dieu et l'homme, issu de Zeus et de Sémélé. L'un ne va pas sans l'autre.

Le dépassement des divisions met Dionysos en état de verser une part d'éternité dans la coupe de la mortalité. Il immortalise. Il n'y parvient qu'en effaçant les frontières, et en apparaissant aux hommes, tout dieu qu'il est. L'épiphanie ne lui est pas réservée, mais ses espèces sont particulières ; elles touchent la condition humaine. Une présence du divin est donnée aux hommes, et elle transforme leur existence ordinaire. Dionysos est dieu ; pourtant il naît comme s'il était un homme, ou on dira inversement que, né homme, il est devenu dieu. Son rapport avec Zeus est celui-là. Le père l'a fait semblable et différent à la fois. C'est un acte d'altérité et d'altération indépassable que la création de ce dieu non dieu ou plus que dieu, ou d'un homme non homme ou plus qu'homme. La réconciliation résout la différence, mais elle l'affirme en même temps.

Les adieux

La pièce se termine par un dernier chant alterné de Cadmos et de sa fille, construit sur une stricte symétrie musicale. Ce sont des adieux (v. 1368-1371) ; ils sont suivis d'un échange sur le mode de la plainte rituelle (v. 1372-1378). Les vœux touchent leur avenir inégal (v. 1379-1387) ; il est beaucoup plus sombre pour Agavé, peut-être plus vrai. Le non-lieu qu'elle se souhaite est inaccessible. L'action est terminée ; un dégoût absolu cerne l'arrêt d'une vie – et de la pièce [4]. Disparaître, finir.

4. Si l'on n'admet pas avec Hermann qu'un vers est tombé après 1371 ; voir la note dans la traduction, p. 94. Il faut accepter l'ellipse de *oikon* avec *ton*, ce qui n'est pas très usuel. Avec la lacune, on peut imaginer beaucoup de choses ; par exemple, le souhait

Au milieu de la plainte, le dieu intervient, une dernière fois ; devant un si grand désespoir, il participe au deuil pour se justifier. Cette reprise, à ce moment, au vers 1345, au cours même du thrène, a surpris. On peut imaginer qu'il se tient debout à côté des autres acteurs (plutôt que sur le toit ou dans les airs). Agavé rappelle ce que le dieu lui a fait faire (v. 1374). C'est une dernière accusation ; elle reste presque sans réponse. Il est sûr que la conduite du dieu se justifie mal. Il s'adresse à l'une des sœurs jalouses de sa mère. On se voit engagé dans une querelle de petites filles : « C'est toi qui as commencé [5]. »

Le dieu grec

Il y a des dieux chez Euripide ; ils sont comme cela. Celui-ci, Dionysos, est pire que les autres ; il lui faut montrer qu'il est dieu, malgré son ambivalence. À la fin, la divinité réclame son dû. De toute façon, on ne s'en sort jamais, même lorsqu'on finit par rentrer à Sparte avec son Hélène comme Ménélas dans *Hélène*, ou que l'on a tué les meurtriers, sur l'ordre des dieux, comme Oreste et Électre dans *Électre*. Le noir l'emporte. La tragédie prend au théâtre cet aspect. Le désespoir est absolu. Il aboutit au non-sens. Il ne s'agit pas tant de la « crise du

---

d'un retour dans les forêts du Cithéron (J. Roux). Aristée est le mari de la sœur, Autonoé ; il est le père d'Actéon, déchiré par les chiens (la vengeance d'Artémis n'a guère été moins cruelle que celle de Dionysos). Cadmos pourrait inciter sa fille à rejoindre, loin du palais, une autre maison du malheur, pour s'y cacher, se rendre invisible, sans qu'elle ait à s'exiler et à quitter Thèbes. Elle se séparera (aux vers 1383-1386) de la façon la plus résolue de la montagne. Pourtant le lieu qu'elle cherche n'est pas nécessairement éloigné de Thèbes.

5. Agavé à la fin (v. 1387) ne laisse pas la scène à d'autres Bacchantes pleinement initiées. Elle les maudit.

sens », selon la formule de Karl Reinhardt, plutôt d'une prise de conscience radicale. Le sens est dans la crise et elle est partout.

À Athènes, le dieu pouvait être montré ainsi, effroyable. Ce n'était pas scandaleux. Ce n'était pas mettre en question son essence, dès lors qu'il exerçait sa force et montrait son pouvoir. Un dieu n'était pas obligé d'être bon, ni tendre. Il lui suffisait de l'emporter : « La gloire est toujours douce [6] », disent les femmes.

---

6. Voir la fin du refrain dans le Troisième Stasimon, v. 881-901.

Synopsis

1-63. Prologue

Dionysos, fils de Zeus et de Sémélé, fille de Cadmos, ancien roi de Thèbes, et d'Harmonie, est sur la scène. Venu à Thèbes, sa ville natale, il explique pourquoi il est là. Sa mère a été calomniée dans sa famille ; celle-ci a douté de sa filiation divine (comme Penthée le répétera encore au vers 243). Ses rites ne sont pas honorés comme il le voudrait. C'est pour être pleinement reconnu, en sa qualité exceptionnelle de dieu homme, pour introniser son culte et affirmer sa toute-puissance qu'il est là.

64-169. Parodos

Le Chœur, composé de Bacchantes d'Asie, entre sur la scène, célébrant le dieu qu'elles suivent, et son culte. Elles racontent la double naissance de Dionysos, porté d'abord par Sémélé, une femme, et, après qu'elle a été foudroyée, par Zeus, père des dieux, dans sa cuisse ; elles rattachent l'événement à la naissance de la musique au moment de la naissance de Zeus. Elles évoquent le plaisir suprême de leurs courses et de leurs danses dans la nature sauvage, sous la conduite du dieu.

170-370. Premier Épisode

Tirésias et Cadmos se rendent à pied sur le mont Cithéron, où les femmes de Thèbes se sont assemblées, pour participer à leurs danses en l'honneur de Dionysos. Penthée, le roi régnant, survient. Il est hostile aux pratiques nouvelles, et à la licence des fêtes bachiques, où les femmes dansent et boivent ; il met cette exaltation en relation avec l'arrivée dans le pays d'un étranger qui plaît aux femmes, et qu'il a donné l'ordre d'arrêter avec elles. Penthée rejette une fois de plus (cf. le Prologue) l'histoire que raconte celui qu'il traite de sorcier : non, Dionysos n'est pas dieu, son père n'est pas Zeus, Sémélé a été punie pour l'avoir dit ; l'enfant qu'elle avait conçu n'a pas été recueilli dans la cuisse de Zeus. C'est sur ces points de dogme que Tirésias lui répond en prononçant un discours rigoureusement théologique, qui consacre l'institution du divin. Le devin dit ce qu'il faut croire : Dionysos est dieu, puisqu'il est un principe vital, le bienfaiteur des hommes ; le vin qu'il leur a apporté coule en l'honneur des dieux. Sa naissance est olympienne. Zeus l'a soustrait à la haine d'Héra jalouse, en l'immortalisant par le feu ; il l'a fait dieu. Pour la cuisse, ce n'est pas vrai. Tirésias parle pour calmer Penthée et réconcilier deux prophètes, Dionysos et Apollon.

371-431. Premier Stasimon

Le Chœur prend parti et condamne Penthée. Il chante la piété et la douceur de la religion dionysiaque, les joies de la fête. La vie qu'il souhaite est dans la paix, l'unique vérité, dans le plaisir de l'instant vécu.

434-518. Deuxième Épisode

Un serviteur amène l'étranger (Dionysos), capturé sur l'ordre du roi (première confrontation de Dionysos et de Penthée). Les femmes, arrêtées avec lui, se sont évadées. L'interrogatoire peut commencer entre faux maître et faux esclave. Le pouvoir royal s'affirme, et se prévaut de sa toute-puissance, mais il ne peut rien et démontre son infirmité. Dionysos n'a pas de mal à définir son culte, sans rien en dire, ni à faire de lui-même un portrait, tout en lignes insaisissables, étranger qui règne la nuit et exerce un pouvoir sur les femmes. Par ces moyens, le dieu pénètre dans les fantasmes de la défense de Penthée, et l'éblouit par son adresse et les coups portés par son intelligence. À un certain moment, c'en est trop pour le roi. Le dieu est fait prisonnier. La guerre est déclarée.

520-575. Deuxième Stasimon

Le Chœur reprend l'histoire de la naissance du dieu, comme le dieu l'a racontée lui-même dans le Prologue. Sous le nom du chant qui le célèbre, le Dithyrambe, il a été enlevé par Zeus au feu de la foudre qui brûlait Sémélé, et recueilli dans la cuisse de Zeus. L'ingratitude de Thèbes est stigmatisée et Penthée, maudit.

576-861. Troisième Épisode

Dionysos se fait entendre au Chœur (il n'y a pas de rupture dans le chant – c'est un mélodrame). Il convulse et transporte les femmes. Elles voient le palais s'écrouler et brûler dans le feu de la foudre ; elles tombent à terre, prostrées et épuisées. Le dieu reprend dans le rôle de serviteur, et leur raconte sa délivrance : c'est un taureau que Penthée avait attaché à sa place, il a vu le palais prendre feu et s'écrouler en même temps ; il croyait voir le dieu polymorphe sous l'aspect d'un fantôme et transperçait le vide. Puis le serviteur, dans sa force tranquille, se montre à Penthée, qui vient de revenir sur la scène, et le prie d'écouter le récit qu'un messager, juste arrivé de la montagne, est sur le point de lui faire. Celui-ci raconte ce qu'il a vu : les délices d'une réunion champêtre entre femmes, puis, lorsque les hommes, bergers et habitants des bourgades, leur donnent la chasse, leur fureur et les massacres de bêtes qui s'ensuivent. Entendant ce récit, Penthée s'emporte d'abord contre le désordre, promet la guerre. C'est à ce paroxysme de l'obstination et du non-retour que le dieu, suivant le schéma impérieux de la tragédie, fait accomplir au héros le pas décisif qui le conduira au désastre. Dionysos l'amènera sur les lieux, sans armes, et déguisé en femme. Il sera le costumier, puis le guide. Penthée, se fiant à lui, se livre à sa propre rage.

862-911. Troisième Stasimon

Le Chœur entonne un air de chasse, suivant en imagination un chasseur qui poursuit une biche dans la forêt. Il définit une sagesse placée sous l'égide de la piété et des dieux, récusant la science des esprits forts et acceptant les valeurs reconnues.

912-975. Quatrième Épisode

Si tout est joué, on peut passer à la comédie et au sarcasme. La scène de comédie qui suit se déroule sur un fond sinistre. Dionysos fera le metteur en scène ; il traitera Penthée comme une poupée mécanique qui obéit à toutes ses fantaisies. Le roi s'est décidé à gagner la montagne, déguisé en femme. Il est en proie à des hallucinations. Vouée à la mort, la victime tient le rôle d'un converti, le dieu fait comme s'il lui voulait du bien. Dionysos ajuste sa toilette. Le dialogue entre les deux personnages, dans cette préparation au supplice, prend un double sens terrible. Le dieu fait le prophète. Le malheur qu'il annonce est celui qu'il est en train de mettre en route. L'appât du plaisir qui attire Penthée conduit à l'horreur.

977-1023. Quatrième Stasimon

Les Bacchantes hurlent à la mort et maudissent Penthée. Elles appellent Dionysos à se montrer sous l'une de ses apparences bestiales, puis à tuer sa victime, le sourire aux lèvres.

1024-1152. Cinquième Épisode

Un messager raconte la mort de Penthée. Il reprend le fil de l'action au point où le spectateur l'avait laissé dans la scène précédente. L'expédition projetée se réalise et se transforme en torture. L'exécution du plan est inévitable, son orchestration, impitoyable, la sauvagerie, bestiale.

Penthée est conduit sur les hauteurs de la montagne, et hissé par les soins du dieu sur un pin qui tient lieu de mirador. Il assiste au rite de son anéantissement, livré à des mains plus féroces que les griffes des fauves. Le discours de l'inéluctable restitue toutes les circonstances de la mort tragique. L'exactitude naturaliste de la description a une autre fonction encore que celle d'émouvoir le spectateur. La mémoire de ce qui a eu lieu doit être conservée. Le drame, tel qu'il s'est produit, sinon, n'aurait pas de sens. Il culmine et survit dans son aboutissement. Ce n'est pas tant qu'il ait été fatal, mais la terreur se révèle dans son achèvement même. Le récit est donc doublement funèbre, par le contenu rapporté, mais autant par l'action de deuil mise en scène devant les victimes de l'absurde. Plus rien ne sera comme avant ; mais c'est plus terrible encore : rien n'aura plus de sens, peut-être même pour l'auteur du désastre. Le dieu déclare qu'il n'y est pour rien. Personne ne le contredira, s'il s'agit de montrer qu'il est bien dieu.

1153-1167. Cinquième Stasimon

Le Chœur chante maintenant le triomphe de Dionysos. Tout est bien et devait se faire.

1168-1392. Exodos

Sans rupture dans le chant, Agavé délirante montre la tête de Penthée, qu'elle rapporte en trophée, aux Bacchantes d'Asie. Cadmos rentre de la montagne, avec les membres de Penthée qu'il a pu rassembler. Il ramène sa fille à la raison et à la reconnaissance de son malheur. Dionysos apparaît dans sa gloire. Les deux victimes expriment leur douleur, mais le dieu impitoyable proclame sans s'émouvoir les termes cruels de leur châtiment.

Bibliographie

La bibliographie comprend essentiellement les titres d'ouvrages ou d'articles mentionnés dans ce livre.

A. F. H. BIERL, *Dionysos und die griechische Tragödie. Politische und 'metatheatralische' Aspekte im Text*, Tübingen, 1991.

F. BLAISE, « L'expérience délirante de la raison divine dans les *Bacchantes* d'Euripide », *Methodos* 3, 2003, 72-93.

J. BOLLACK, *La naissance d'Œdipe*, Paris, Gallimard, *Tel*, 1995.
–, *La mort d'Antigone. La tragédie de Créon*, Paris, PUF, 1999.
–, *Empédocle. Les Purifications. Un projet de paix universelle*, édité, traduit et commenté par J. Bollack, Paris, Seuil, *Points*, 2003.

J. G. BRAMBS, *Christus Patiens*, Tragoedia Christiana quae inscribi solet *Christos Paskôn* Gregorio Nazianzeno falso attributa, Leipzig, Teubner *(B.T.)*, 1885.

W. BURKERT, *Homo necans*, Berlin, de Gruyter, 1972.
–, *Griechische Religion der archaischen und klassischen Epoche*, Stuttgart, 1977.

T. H. CARPENTER, *Dionysian Imagery in Fifth-Century Athens*, Oxford, Clarendon, 1997.

D. CONACHER, « Aeschylus' *Oresteia* and Euripides' *Bacchae* : A Critique of Some Recent Critical Approaches », *Échos du Monde classique*, 44, n. s. 19, 2000, 333-349.

M. DETIENNE, *Dionysos mis à mort*, Paris, Gallimard, 1977.
–, *Comparer l'incomparable*, Paris, Seuil, 2000.

G. DEVEREUX, « The Psychotherapy Scene in Euripides'*Bacchae* », *Journal of Hellenic Studies*, 90, 1970, 35-48.

E. R. DODDS, *Euripides, Bacchae, Edited with Introduction and Commentary*, Oxford, 1944 ; 2e éd. 1960.
–, *The Greeks and the Irrational*, Berkeley et Londres, 1951 ; trad. franç. par. M. Gibson : *Les Grecs et l'irrationnel*, Paris, 1965 ; réimpr. 1977.

A. J. FESTUGIÈRE, « Euripide dans Les *Bacchantes* », *Eranos*, 55, 1957, 127-144.

H. P. FOLEY, *Ritual Irony. Poetry and Sacrifice in Euripides*, Ithaca, Cornell University Press, 1985.

D. FRANKLIN, *Euripides, Bacchae, A New Translation and Commentary*, Cambridge, University Press, 2000.

L. GERNET, *Les Grecs sans miracle*, textes 1903-1960 (réunis par R. di Donato ; préface de J.-P. Vernant), Paris, 1983.

R. GIBBON, Ch. SEGAL, *Euripides : Bakkhai. The Greek Tragedy in New Translation,* Oxford, University Press, 2001.

R. GIRARD, *Celui par qui le scandale arrive*, Paris, Desclée de Brouwer, 2001.

S. GOLDHILL, *Reading Greek Tragedy*, Cambridge, University Press, 1986.

H. GRÉGOIRE avec J. MEUNIER, *Euripide (C.U.F)*., vol. 6 (2), Les *Bacchantes*, Paris, 1961 ; 2e éd. revue par J. Irigoin, 1993.

J. E. HARRISON, *Prolegomena to the Study of Greek Religion*, Cambridge, 1903 (rééd.).

–, *Themis. A Study of the Social Origins of Greek Religion*, Cambridge, 1911 (rééd.).

A. HENRICHS, « Changing Dionysiac Identities », in B. F. Meyer et E. P. Sanders (edd.), *Jewish and Christian Self-Definition*, III (Graeco Roman World), Londres, 1982, 137-160 et 213-236.

–, « The Last of the Detractors : Friedrich Nietzsche's Condemnation of Euripides », in *Greek, Roman and Byzantine Studies*, 27, 1986, 369-397.

–, *Die Götter Griechenlands. Ihr Bild im Wandel der Religionswissenschaft*, in H. Flashar (éd.), *Thyssen-Vorträge. Auseinandersetzungen mit der Antike*, 5, Bamberg, 1987.

H. JEANMAIRE, *Dionysos. Histoire du culte de Bacchus*, Paris, Payot, 1951 ; nombreuses réimpr.

I. J.-F. DE JONG, « Récit et drame : le deuxième récit de messager dans Les *Bacchantes* », *Revue des Études Grecques*, 105, 1992, 572-583.

–, Narrative in Drama : The Art of the Euripidean Messenger-speech, Leyde, *Mnemosyne*, *Supplements*, 116, 1991.

P. JUDET DE LA COMBE, *L'Agamemnon d'Eschyle, I et II*, Villeneuve d'Ascq, Presses universitaires du Septentrion, 2001.

E. C. KOPFF, *Euripides Bacchae*, Leipzig, Teubner *(B.T.)*, 1982.

W. KULLMANN, « Die "Rolle" des euripideischen Pentheus. Haben die Bakchen eine metatheatralische Bedeutung ? », in G. W. Most, H. Petersmann, A. M. M. Ritter (edd.), *Philanthropia kai Eusebeia* (Mélanges A. Dihle), Göttingen, 1993, 248-263.

M. LACROIX, Les *Bacchantes d'Euripide*, intr., texte, trad. et comm., analyse métrique des parties lyriques, Paris, 1976.

N. LORAUX, *La Voix endeuillée ; essai sur la tragédie grecque*, Paris, Gallimard, 1999.

J. MARCH, « Euripides' Bakchai : A Reconsideration in the Light of Vase Paintings », *Bulletin of the Institute of Classical Studies*, 36, 1989, 33-65.

P. MCGINTY, *Interpretation and Dionysos. Method in the Study of a God*, La Haye, 1978.

H. MERKLIN, *Gott und Mensch im Hippolytos und den Bakchen des Euripides*. Dissertation Freiburg (Brisgau), 1964.

R. NIHARD, « Le problème des *Bacchantes* d'Euripide », *Musée Belge*, 16, 1912, 91-119 ; 297-375.

M. P. NILSSON, *Geschichte der griechischen Religion, I (in : Handbuch der Altertumswissenschaft*, section V, 2, 1), Munich, 1940, (3e éd., 1967).

G. NORWOOD, *The Riddle of the* Bacchae, Manchester, 1908.

H. ORANJE, *Euripides'* Bacchae. *The Play and its Audience*, Leyde, *Mnemosyne*, *Supplements*, 78, 1984.

W. F. OTTO, *Dionysos. Mythos und Kultus*, Francfort-sur-le-Main, 1933 (4e éd. 1980) ; trad. franç. par Patrick Levy : *Dionysos. Le Mythe et le Culte*, Paris, Mercure de France, 1969.

G. RADKE, *Tragik und Metatragik : Euripides* Bacchae *und die moderne Literaturwissenschaft*, Berlin, de Gruyter, 2003.

X. RIU, *Dionysism and Comedy*, Lanham, Maryland, 1999.

E. ROHDE, *Psyche. Seelencult und Unsterblichkeitsglaube der Griechen*, I-II, 1890 et 1894, 2e éd. 1898 ; trad. franç. par Auguste Raymond, *Le culte de l'âme chez les Grecs et leur croyance à l'immortalité*, Paris, Payot, 1928, réimpr. 1952.

J. ROUX, *Euripide*. Les *Bacchantes*, 2 vol., Paris, 1970-1972.

R. SCHLESIER, article « Dionysos » dans : *Der Neue Pauly. Enzyklopädie der Antike*, vol. 3, Stuttgart, 1997, 651-662.

–, *Die Seele im Thiasos. Zu Euripides* Bacchae *75*, in : *Psyche-Seele-anima, Festschrift für Karin Alt*, Stuttgart, 1998, 37-72.

W. SCHMID, *Geschichte der griechischen Literatur, I, 3*, in : *Handbuch der Altertumswissenschaft,* section VII, Munich, 1940, 657-685.

R. SEAFORD, *Reciprocity and Ritual. Homer and Tragedy in the Developing City-State*, Oxford, Clarendon, 1994.

Ch. SEGAL, *Dionysiac Poetics and Euripides'* Bacchae, Princeton, University Press, 1982 ; 2e éd. 1997.

B. SEIDENSTICKER, « Pentheus », *Poetica* 5, 1972, p. 35-63.

A. TUILIER, *Grégoire de Nazianze, La passion du Christ*, introduction, texte critique, traduction, notes et index, Paris, Les Éditions du Cerf, *Sources chrétiennes* 149, 1969.

–, « La tradition textuelle du *Christos paschôn* et le texte d'Euripide », *Kentron*, 13, 1997, p. 119-131.

J.-P. VERNANT, « Le Dionysos masqué des *Bacchantes* », dans J.-P. Vernant et P. Vidal-Naquet, *Mythe et tragédie deux*, Paris, La Découverte, 1986, 237-270.

–, « Dionysos à Thèbes », in *L'Univers, les dieux, les hommes*, Paris, Seuil, 1999, 171-191.

A. W. VERRALL, *Euripides the Rationalist*, Cambridge, 1895 (réimpr. 1913).

–, *The Bacchants of Euripides and Other Essays*, Cambridge, 1910.

H. S. VERSNEL, *Inconsistencies in Greek and Roman Religion, I, Ter Unus. Isis, Dionysos, Hermes. Three Studies in Henotheism*, in : H. S. Versnel (ed.), *Studies in Greek and Roman Religion*, VI, Leyde, 1990.

P. VIDAL-NAQUET, *Le miroir brisé. Tragédie athénienne et politique*, Paris, Les Belles Lettres, 2001.

U. VON WILAMOWITZ-MOELLENDORFF, *Der Glaube der Hellenen*, 2 vol., Berlin, 1931-1932, réimpr. Darmstadt, 1955.

C. WILDBERG, *Hyperesie und Epiphanie. Ein Versuch über die Bedeutung der Götter in den Dramen des Euripides*, *Zetemeta*, 109, Munich, Beck, 2002.

R. P. WINNINGTON-INGRAM, *Euripides and Dionysos. An Interpretation of the* Bacchae, Amsterdam, 1969.

T. ZIELINSKI, « Antike Humanität », *Neue Jahrbücher*, 1902, p. 635-651.

B. ZIMMERMANN, *Dithyrambus : Die Geschichte einer Gattung*, *Hypomnemata*, 98, Göttingen, 1992.

Table des matières

*Mis en pages par DV Arts Graphiques à Chartres,
cet ouvrage a été achevé d'imprimer
en mars 2005
par l'Imprimerie Jouve
pour le compte de Bayard Éditions*

Imprimé en France
Dépôt légal : mars 2005
N° d'édition : 2827
N° d'impression : 368599M

se fait la politique et son
incarnation se plaçant ds le
giron du rite et du mythe
l'écriture avoue son impuissance
de faire accéder le lecteur à un
sens et une logique du politique
et de la politique. Tout ce qu'elle
propose, c'est une mise en perspective
non ? elle est proposée ds les partis-pris
des tendances mais
ds la gravité de l'évé
nementiel mais
l'ébauche d'

transformée de

~~Ecrit~~

Le roman se transforme
en un bréviaire romancé ds sa
l'histoire après comme ds sa
chronologie et dans ses ratées –
le roman est-il objet de savoir ?
la question nourrit encore le débat
critique mais l'autonomie de l'acte
de l'écriture est une geste de démonstration
ainsi que pose l'écrivain : la liberté et
la transcendance des paroles entendues
non pas pour trouver le savoir
mais pour se donner de
bonne raison de le trouver